Reiseführer

W0084652

Madeira

**Baden · Wanderungen · Botanische Gärten
Ausflüge · Einkaufen · Hotels · Restaurants**

Die Top Tipps führen Sie zu den Highlights

von Daniela Schetar und Friedrich Köthe

☐ Intro

☐ Unterwegs

☐ Service

Leserforum

Die Meinung unserer Leserinnen und Leser ist wichtig, daher freuen wir uns von Ihnen zu hören. Wenn Ihnen dieser Reiseführer gefällt, wenn Sie Hinweise zu den Inhalten haben – Ergänzungs- und Verbesserungsvorschläge, Tipps und Korrekturen –, dann kontaktieren Sie uns bitte:

Redaktion ADAC Reiseführer
Travel House Media GmbH
Grillparzerstr. 12, 81675 München
adac.reisefuehrer@travel-house-media.de

Madeira Impressionen

Wo Licht und Schatten miteinander in Wettstreit treten

Blumeninsel im Atlantik, Eiland des ewigen Frühlings, Überrest des legendären Atlantis – Madeiras Schönheit vermögen all diese Titel nicht in Gänze zu fassen. Denn seine Reize sind so eigenwillig, vielfältig und durch das Zusammenspiel von Landschaft und Klima immer wieder einzigartig, dass jeder Besucher ›sein‹ Madeira in einem ganz eigenen Licht sieht – **Licht** im wahrsten Sinne des Wortes. Denn das nie ruhende Spiel von Sonne und Wolken zaubert immer neue Reflexe und Farbschattierungen auf Landschaften und Dörfer und bringt damit die

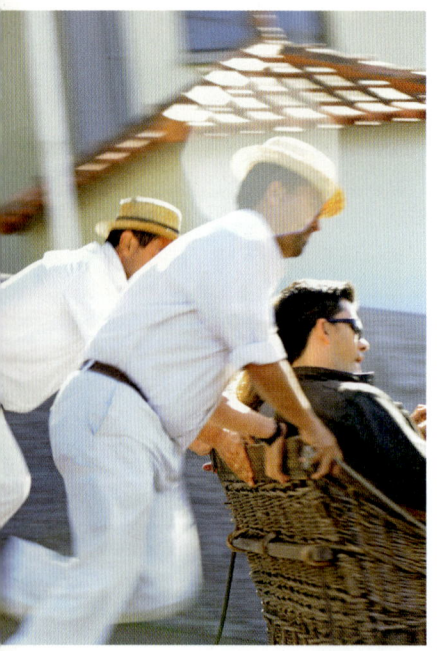

vielfältigsten **Stimmungsbilder** hervor. Zwischen der melancholischen Schläfrigkeit unter tief hängenden Gewitterwolken und dem übermütigen Tanz funkelnder Sonnenstrahlen auf den von Regen benetzten Blüten der Hortensien steht oftmals nur ein kurzer Windstoß.

Dem Gast bietet Madeira eine Fülle verschiedener **Freizeitaktivitäten**: Wanderer kommen entlang der über die Insel führenden Levadawege auf ihre Kosten, kulturell Interessierte finden in der Hauptstadt **Funchal** eine Vielfalt hervorragend ausgestatteter Museen, zu deren originellsten sicherlich die dem Zucker gewidmete Ausstellung gehört. Abseits der quirligen Metropole locken zwischen Weinreben und Bananenplantagen Kirchen und Kapellen, in denen es wertvolle flämische Gemälde, manuelinische Kunstwerke und prachtvolle Azulejos zu bewundern gilt. Ehemalige Herrenhäuser, **Quintas** genannt, verwöhnen den Besucher als nostalgische Herbergen mit größtem Komfort; einsame Berghütten bieten dem Wanderer ein Dach über dem Kopf und deftige Verpflegung, und entlang der fast durchgängig von schroffen Felsklippen gesäumten Küste laden Hotels zum Baden und Sonnen.

Madeira, das abgesehen von einem spanischen Intermezzo seit seiner Entdeckung bis heute zum Mutterland **Portugal** gehört, hat sich dank seiner isolierten Lage eine kulturelle Eigenständigkeit bewahrt, die in der Sprache der Menschen ebenso zum Ausdruck kommt wie in ihrer Kultur, ihren Festen und der landestypischen Küche. Ein Flair des nahen

Afrika, kombiniert mit Elementen aus jenen Ländern, in die viele Inselbewohner aus- und teils wieder zurückgewandert sind – Südamerika und die Republik Südafrika an vorderster Stelle –, verleiht der harten Lautmelodie des Portugiesischen einen weichen, singenden Tonfall. Tiefe Frömmigkeit vermischt sich bei den Katholiken vor allem auf dem Land mit einem fast archaisch anmutenden Glauben an Wunder und Heiligenerscheinungen. Gelegentlich kommt auch ein vom Islam entlehnter Fatalismus zum Vorschein. Unübersehbar sind die Einflüsse der lange Zeit wichtigsten Handelspartner und treuesten Wintergäste Madeiras, der Briten: Nicht nur, dass viele der sonst so temperamentvollen Madeirer unbeirrbar die Ruhe des Five O'Clock Tea zelebrieren – auch die sonst deftige Küche, in der nicht mit Knoblauch und Gewürzen gespart wird, zeigt in den fast naturbelassenen Gemüsebeilagen ihre englische Tradition.

Links: *Korbschlittenfahrt in Monte*
Oben: *Kinder beim berühmten Blumenfest zur Frühlingsblüte in Funchal*
Unten: *Prachtvolle Küstenlandschaft an der Ponta do Garajau bei Caniço*

Aus dem Meer geboren

Doch zurück zu den Ursprüngen: Die **Hauptinsel Madeira** bildet mit **Porto Santo,** den drei **Desertas** und den Felsklippen der **Selvagens** den aus dem Atlantik ragenden Überrest eines riesigen Vulkansystems, das in der Kreidezeit und dem Tertiär durch unterseeische Eruptionen geschaffen wurde und sich vor rund 20 Mio. Jahren aus dem Meer erhob. Seither haben die Kräfte der Erosion – Wind, Regen und Flüsse – die ursprünglich konischen Vulkankegel abgeschliffen und zerfurcht. Weiches Gestein wie die durch Vulkanasche entstandenen Tuffablagerungen wurden in der Folge weggespült, die harten Basaltkerne aber blieben als markante Felsspitzen erhalten. In Madeiras gebirgigem Inneren und auf den beiden Hochebenen, Paúl da Serra und Santo da Serra, wuschen Bäche im Lauf der Zeit tiefe Schluchten und Schründe ins Gestein, sodass die Insel heute wie ein ovaler Gugelhupf mit unzähligen Rippen aussieht, durch die das in den Höhenlagen entspringende Wasser seinen Weg ins Meer nimmt. An den Mündungen der größeren, **Ribeiras** genannten Flüssen öffnen sich die Schluchten zu kleinen Buchten. Dies sind die einzigen Stellen, an denen menschliche Siedlungen in Meeresnähe möglich waren und sind.

Einen markanten Unterschied im Küstenprofil gibt es zwischen der nördlichen und der südlichen Hälfte der Insel. Wäh-

rend die Gebirgsstöcke im **Norden** steil, stellenweise sogar nahezu senkrecht ins Meer fallen, vollzieht sich der Übergang vom Gebirge zur Küste im **Süden** etwas sanfter. Deshalb ist dieser Teil Madeiras wesentlich dichter besiedelt, und hier befinden sich auch die großen Hotel- und Badezonen um **Funchal** und **Caniço de Baixo**. Trotz der lieblicheren Landschaftsgestalt besitzt auch der Süden nur kleine Kiesstrände. Fast alle Hotels verfügen deshalb zum Ausgleich über Meeresschwimmbecken, die ungetrübte Badefreuden im Atlantik ermöglichen.

Das Innere Madeiras wird von einem vielfach gegliederten Gebirgsstock dominiert, dessen höchster Gipfel, der **Pico Ruivo**, immerhin 1861 m erreicht. Nur an zwei Stellen weichen die Richtung Himmel strebenden Basaltspitzen des Massivs etwas zurück und lassen Raum für Hochebenen: Im Osten bei **Santo da Serra** und im Nordwesten, wo die **Paúl da Serra** mit ihren weichen Farnpolstern und plätschernden Quellbächen dem Besucher vorgaukelt, in einem schottischen Hochmoor gelandet zu sein.

Ein Garten Eden

Ein deutliches Zeugnis für den einstigen Vulkanismus legt die schier unerschöpfliche **Fruchtbarkeit** der Insel ab. Vulkanerde, Wasserreichtum und die häufigen Niederschläge haben die Insel in einen Garten Eden verwandelt, dessen landwirtschaftliche Erträge so hoch sind, dass sie die für den Anbau ungünstige Oberflächengestalt völlig vergessen lassen.

Seit der Entdeckung Madeiras 1419 haben Bauern die Hänge gerodet, in mühevoller Kleinarbeit Terrassenfelder angelegt und die Flüsse und Bäche zu **Levadas** gefasst, jenen schmalen Bewässerungskanälen, die Insel und Felder wie ein Spinnennetz überziehen. Die alten Wartungspfade der Levadas sind heute beliebt als Wanderwege: Zusammen mit den Veredas, alten Kopfsteinpflasterwegen, bilden sie ein weit verzweigtes Wegenetz, das tief hinein ins grüne Herz der Insel führt.

So gut wie jede Pflanze, die je hier gesetzt wurde, gedieh und brachte guten Ertrag. Deshalb präsentiert Madeira eine atemberaubende Fülle botanischer Bewohner aus allen Teilen der Welt. Diese Bereitschaft, alles Fremde mit offenen Armen zu empfangen, hatte einen entscheidenden Nachteil. Die ursprüngliche Flora wurde fast völlig verdrängt. Die Überreste des **Lorbeerwalds,** der früher wohl

Oben: *Meeresschwimmbecken an der Küste: die schönste Art, im Atlantik baden zu gehen*
Links oben: *Goldener Strand auf 9 km Länge: Urlauber am Campo de Baixo*
Links Mitte: *Beim Blumenfest oder Levadawandern: Madeiras Natur bezaubert*
Links unten: *Abendstimmung: Blick auf das Fischerdorf Camara de Lobos*

die ganze Insel bedeckte, stehen bei Rabaçal und Ribeiro Frio heute unter Naturschutz. Auch in den **Gartenanlagen** rund um Funchal gedeihen madeirensische Pflanzen wie der Schopffingerhut, der Storchschnabel, der Drachenbaum und die vier wichtigsten Lorbeerarten. Gegen den strahlenden Glanz der importierten Strelitzien, Orchideen, Callas und Proteas können sich die unscheinbaren ältesten Bewohner Madeiras aber nur schwer behaupten.

Wie wird das Wetter?

Der ewige Frühling auf Madeira, er ist keine Legende. Das Klima auf der Insel ist gleichmäßig mild, aber nicht besonders sonnig – die üppige Natur kommt nicht von ungefähr. Sie entsteht durch die spezielle Lage von Madeira im Atlantischen Ozean. An der Nordseite des Inselgebirges regnen sich häufig Passatwolken ab, während es im Süden oder in den Tieflagen der Insel das schönste, sogar subtropische Wetter geben kann. Und wenn die Urlauber in Funchals Hotelresorts die Sonne genießen, stehen ihre unternehmungslustigen Reisegenossen knappe 20 km entfernt am **Curral das Freiras** vielleicht in dichten Nebelschwaden und Regen. Das konstant mildfeuchte Klima galt übrigens im 19. und 20. Jh. als wirksames Heilmittel bei Atemwegserkran-

Oben: *Pico do Arieiro: Wenn sich der Nebel auflöst, ist die Aussicht grandios*
Mitte: *Seltene Tierart: Vor der Küste leben die streng geschützten Mönchsrobben*
Unten: *Folkloregruppe bei einem Inselfest*
Rechts oben: *Bunte Pracht: Blumenkönigin*
Rechts unten: *Porto Santo: Die kleine Schwester von Madeira bietet Traumstrände*

und der ideale Abschluss eines Madeira-aufenthalts. Die Schwesterinsel liegt nur eine gute zweistündige Schifffahrt oder einen kurzen Flug entfernt. Zusammen mit den streng geschützten Felseilanden **Ilhas Desertas** und den ebenfalls unbewohnten **Ilhas Selvagens** bilden sie die Inselgruppe von Madeira, ein Archipel voller Gegensätze: saftige Lorbeerwälder treffen auf schwarze Lavapools, goldene Sandstrände auf karstige Gebirgsketten. Und wo eben noch ein heftiger Regenschauer niedergegangen ist, scheint nur wenige Minuten später die Sonne von einem wolkenlosen Himmel. Diese Gegensätze zu erleben, macht den wahren Reiz eines Inselurlaubs hier aus. Bem vindo: Willkommen auf Madeira, der grünen Perle im Atlantik.

kungen oder Nervenleiden. Elisabeth von Österreich, besser bekannt als Sisi, war wohl die berühmteste Person unter den erholungssuchenden Gästen: Die Kaiserin blieb ein halbes Jahr auf der Insel, um sich von einem Lungenleiden zu erholen.

Madeiras Satelliten

Porto Santo ist ganz anders als Madeira: Die kleine Schwester besitzt einen goldgelben, endlos langen Strand, sie hüllt sich seltener in Wolken, trägt deshalb aber auch kein so grünes Mäntelchen wie die ›Holzinsel‹. Porto Santo ist ein perfektes Ferienparadies für Strandurlauber

8 Tipps
für cleveres Reisen

1 Spektakuläres Feuerwerk

Ein besonderes Erlebnis auf Madeira ist die Zeit zwischen Weihnachten und Neujahr, die eigentlich schon am 8. Dezember beginnt und erst am Dreikönigstag endet. Dann besuchen viele ausgewanderte Madeirer ihre alte Heimat, aufwändig beleuchtete Kreuzfahrtschiffe tuten im Hafen um die Wette und ganz Funchal (➔ S. 18) erstrahlt im Lichterglanz. Zu Silvester erhellt dann ein spektakuläres Feuerwerk den Hafen, und das Wetter ist meist herrlich mild: Ideale Zeit für einen Urlaub!

Picknick über den Wolken 2

Von Rabaçal (➔ S. 105) erreichen Sie auf der Hauptstraße über die Hochebene Paúl da Serra den Pico Gordo, wo Sie auf einer von Stechginsterbüschen geschützten Grasfläche mit atemberaubendem Ausblick auf die tief eingeschnittenen Täler Ihren Picknickkorb auspacken können. Hoch über Ihnen kreisen majestätische Raubvögel. Wenn Sie es ihnen gleichtun möchten: Die flach abfallende Wiese ist einer der besten Naturstartplätze für Paraglider. *www.voolivremadeira.com, www.aeroclubedamadeira.com*

3 Designermode aus Madeira

Von wegen bestickte Blusen: Gleich zwei der berühmtesten Modedesigner Madeiras haben in der kleinen Rua do Surdo in Funchal Boutiquen eröffnet. Fátima Lopes *(www.fatima-lopes.com)*, Portugals Stilikone, die gern auf futuristische Schnitte setzt, verkauft ihre Kollektionen in der Boutique ›Zekitas‹ (Nr. 34). Die eleganten, leicht verspielten Outfits von André Correia *(www.andrecorreia.com)* finden Sie im Geschäft mit der Nr. 5A.

4 Gesungene Traurigkeit

In Funchals Altstadt singen ›Fadistas‹ in einigen Altstadtlokalen von Abschied, Unglück und ›Saudade‹, der unerfüllbaren Sehnsucht. Im kleinen familiengeführten Restaurant ›Sabor a Fado‹ (→ S. 35) in der Travessa das Torres tritt die gesamte Wirtsfamilie Sousa auf! Aber denken Sie daran: Fado ist keine Begleitmusik zum Essen. Wer mit Besteck klappert oder sich unterhält, riskiert, dass die Fadista oder der Fadisto ungehalten den Vortrag unterbricht und sich alle Blicke auf Sie richten.

Besuch von der Mönchsrobbe 5

Auf den unbewohnten Desiertas-Inseln (30 Kilometer südöstlich von Madeira) siedelt eine streng geschützte Kolonie der äußerst selten gewordenen Mönchsrobben. Allerdings ist das Archipel für Besucher absolut tabu. Wenn man Glück hat, sind die neugierigen Tiere nur während eines Tauchgangs mit ›Manta Diving‹ zu sehen. Halten Sie still und genießen Sie die einzigartige Begegnung! Nirgendwo sonst in Europa ist sie möglich. *www.mantadiving.com*

6 Madeiras schönste Sonnenuntergänge

Dass die Sonne im Westen untergeht, ist auf Madeira Fluch und Segen zugleich. Die lange Fahrt über Serpentinenstraßen zum Leuchtturm Ponta do Pargo (→ S. 64), dessen blutrote Sonnenuntergangsstimmungen legendär sind, wird durch die Tatsache aufgewogen, dass hier genau deswegen kein Rummel herrscht. Allerdings ist bereits die Verlängerung der Schnellstraße von Funchal geplant. Noch herrscht auf der Terrasse des Restaurants ›O Farol‹ pure Idylle, und wer Glück hat, findet sogar ein freies Zimmer im ›Residencial O Farol‹.

Gastronomische Woche 7

An der Meerespromenade von Machico (→ S. 86) findet Ende Juli/Anfang August die ›Semana Gastronómica‹ statt: Ideale Gelegenheit, an zahlreichen Ständen der örtlichen Restaurants und Bars leckere ›doses‹ zu probieren. Das sind gewissermaßen die – allerdings recht üppigen – Tapas von Madeira. Folkloristische Musikgruppen unterhalten Einheimische und Gäste, und am letzten Samstagabend findet eine große Zumba-Party statt.

8 Stickereien: Nur echt mit Siegel

Lassen Sie sich niemals von einem Schlepper, die sich besonders im Umkreis von Kreuzfahrttouristen tummeln, in ein Geschäft bugsieren. Warten Sie ab, bis die ›Invasion‹ wieder auf dem Schiff ist. Dann sinken die Preise, und im Geschäft ist Zeit für eine seriöse Beratung. Eine aufwändige Tischdecke aus Leinen, Organza, Batist oder Baumwolle kann schon mal ein halbes Jahr Handarbeit in Anspruch nehmen. Vorsicht vor chinesischer Fabrikware: Nur Stickereien mit dem Gütesiegel des Instituts für Kunsthandwerk in Funchal (IBTAM) sind authentische Ware aus Madeira!

8 Tipps
für die ganze Familie

Madeira für kleine Einsteiger

1

Im Themenpark ›Parque Temático da Madeira‹ bei Santana (➜ S.74) lernt die ganze Familie in vier Multimedia-Pavillons auf spielerische Weise Kultur, Natur, Geschichte und Traditionen der Insel kennen. Klettergerüste sowie Fahrten mit Ochsenschlitten, Minifischerboot und dem Nachbau einer alten Zahnradbahn halten Kinder durchaus einen halben Tag auf Trab. *Estrada Regional 101, Fonte da Pedra, Santana, Tel. 291 57 04 10, www.parquetematicodamadeira.pt. Di–So 10–19 Uhr (Ferienzeiten tgl.). Erw. rund 10 Euro, Kinder 5–14 Jahre rund 8 Euro.*

Piratenfahrt mit Kolumbusschiff

2

Zu den größten Attraktionen Madeiras für seetüchtige Sprösslinge zählt ein Ausflug an Bord der ›Santa Maria‹ (➜ S. 34), einem verblüffend originalgetreuen (und vielfotografierten) Nachbau des Flaggschiffs von Kolumbus. Die Mannschaft verkleidet sich als Piraten, bei der Abfahrt wird mit Kanonen geknallt, und dann gibt es Wale und Delfine zu sehen. Vor Cabo Girão kann man auch ins Wasser hüpfen. *Marina do Funchal, Tel. 291 22 03 27, www.madeirapirateboat.com. Tgl. zwei Ausfahrten: 10.30–13.30, 15–18 Uhr. Erw. rund 30 Euro, Kinder unter 12 Jahren rund 15 Euro.*

Auf Tuchfühlung mit Walen und Delfinen

3

›Rota dos Cetáceos‹ ist Madeiras renommiertester Veranstalter von Whalewatching-Touren: Die Sichtung großer Meeressäuger (›cetáceos‹) wird sogar garantiert! Jede Exkursion dauert etwa zweieinhalb Stunden und wird von erfahrenen Meeresbiologen begleitet und erläutert. U. a. hat man sogar die Möglichkeit, mit Delfinen zu schwimmen (rund 65 Euro extra). *Marina Shopping, Avenida Arriaga 75, Funchal, Tel. 291 28 06 00, www.rota-dos-cetaceos.pt. Erw. rund 48 Euro, Kinder 6–11 Jahre rund 34 Euro, darunter frei.*

Zeitreise ins Spielzeugland 4

Mit seinen nostalgischen Puppen, Zinnsoldaten, Spielzeugautos und -flugzeugen erzählt das Spielzeugmuseum ›Museu do Brinquedo da Madeira‹ in Funchal von einer Zeit, als Computerspiele und Playstations noch gänzlich unbekannt waren. *Rua da Levada dos Barreiros, 48, Funchal, Tel. 919 92 27 22, http://cultura.madeira-edu.pt. Di–Sa 10–20, So 10–18 Uhr. Erw. rund 3 Euro, Kinder 6–12 Jahre 1,50 Euro, darunter frei.*

5 Ausflug in Madeiras Höhlenwelt

Einen Eindruck von Madeiras explosiver Vulkanvergangenheit gibt am Ortsausgang von São Vicente das vor 890 000 Jahren entstandene, für Besucher erschlossene Lavatunnelsystem der ›Grutas de São Vicente‹ (➜ S. 70). Unbedingt Jacke und Kopfbedeckung mitnehmen, hier ist es feucht und kühl! Eine audiovisuelle 3D-Reise in das feurige geologische Zentrum der Insel bietet das angeschlossene moderne ›Centro do Vulcanismo‹. *Sítio Pé do Passo, São Vicente, www.grutasecentrodovulcanismo.com. Führungen (30 Min.) tgl. 10–19 Uhr. Erw. rund 8 Euro, Kinder 5–14 Jahre rund 6 Euro.*

Seesterne, Rochen und Kraken 6

Ein wenig klein ist es ja schon, das in der Festung São João Batista in Porto Moniz untergebrachte ›Aquário da Madeira‹ (➜ S. 67), aber es gibt doch einige interessante Meeresbewohner zu sehen: Klippfische, Rochen, Seesterne, Seeigel, Meeresschnecken, Seeanemonen, Muränen und Kraken. *Rua Forte São João Batista, Porto Moniz, Tel. 291 85 03 40. Tgl. 10–18 Uhr. Erw. rund 7 Euro, Kinder 5–14 Jahre rund 4 Euro, darunter frei.*

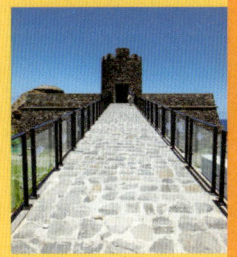

7 Delfine für Trockentaucher

›Beluga Submarine‹, das einzige Glasbodenboot Madeiras mit halb untergetauchter Kabine, erlaubt den ›trockenen‹ Blick in die bunte Unterwasserwelt des Meeresschutzgebiets von Garajau im Süden der Insel. Wer Lust hat, kann auch mit Schnorchel ins Wasser springen. Weiter draußen kann man durch die Glasfenster Delfine, Wale, Mantas, Muränen und Meeresschildkröten beobachten. *Marina do Funchal, Tel. 291 24 44 10, www.madeira-boat-trips.info. Ausfahrten tgl. 11–13.30 und 15.30–18 Uhr. Erw. rund 30 Euro, Kinder 10–15 Euro.*

Bunter Papageiengarten 8

Wenn Sie Strelitziengewächse sehen wollen, aber Ihre Sprösslinge maulen, dann steuern Sie die ›Quinta do Bom Sucesso‹ an. In den Volièren des dem Botanischen Garten angeschlossenen ›Jardim dos Loiros‹ (➜ S. 39) können Botanikmuffel lebendige Tuschkästen bestaunen: kunterbunte Aras, Papageien, Kakadus und andere Paradiesvögel. Die Anreise von Monte mit der Seilbahn motiviert zusätzlich. *Quinta do Bom Sucesso, Caminho do Meio, Bom Sucesso, Tel. 291 21 12 00, www.sra.pt/jarbot. Tgl. 9–18 Uhr. Erw. rund 5 Euro, Kinder 6–18 Jahre 1,60 Euro.*

Unterwegs

*Gute Verbindung zwischen Berg und Tal: Mit den
Seilbahnen lässt sich Madeira bequem entdecken*

Funchal und Umgebung –
rund um die Fenchelbucht

›Klein-Lissabon‹, so nannten im 16. Jh. Seefahrer die Stadt mit ihren Fischervierteln und den schmalen Gässchen. In der einzigen großen Bucht der Insel schmiegen sich die weißen Häuser von **Funchal** an die steil in Richtung Himmel strebenden Hänge der Südküste. Am schönsten heißt einen die Stadt in der Fenchelbucht bis heute vom Meer aus willkommen: Kreuzfahrer, die mit dem Schiff anlegen, erleben Madeiras Hauptstadt wie ein riesiges antikes Theater, das eingebettet liegt zwischen grünen Bergen und der tiefblauen See. Die Bühne dieses Theaters bildet die Uferpromenade **Avenida do Mar**. Die ›Allee des Meeres‹ ist zugleich Hauptverkehrsader und Flaniermeile. An der Mole ankern Kreuzfahrschiffe und elegante Jachten, Cafés und Restaurant säumen die Avenida. Straßen und Gässchen klettern von ihr in kühnen Steigungen die Ränge empor, um sich in den üppigen Gärten und Terrassenfeldern im Inselinneren zu verzweigen. Eine Kabinenseilbahn schwingt am Hang hinauf von der Talstation im Park Almirante Reis nach **Monte.**

Heute leben in Funchal mehr als die Hälfte aller Madeirer. Aufs Vollkommenste verbinden sich in Funchal und den umliegenden Ausflugszielen städtische Lebhaftigkeit und die besinnliche Ruhe gestalteter Natur. Der historische Stadtkern lässt sich gut zu Fuß erkunden Von dort geht es weiter in die Parkanlagen von Monte und **Palheiro Gardens**, die mit ihrer Fülle an exotischer Flora verzaubern, während die Fischer und Schiffsbauer im Viertel **Câmara de Lobos** ihrem jahrhundertealten Handwerk nachgehen. Die Bewohner von **Camacha** halten die Tradition der Korbflechterei lebendig, und in den Badeorten unterhalb von **Caniço** verwöhnen Hotels und Tauchbasen den sportlich ambitionierten Gast. Funchal ist das pulsierende touristische Zentrum der Insel – und als Ausgangspunkt für Erkundungen der Südküste sowie wie für Touren ins Inselinnere einfach ideal.

Zum Meer gewandt – Madeiras Hauptstadt
Funchal lebte stets vom Seehandel

1 Funchal

Tropische Verspieltheit und atlantische Strenge verbinden sich im Stadtbild zu einem Stein gewordenen Symbol der Kolonialära.

Echo der ersten Kolonisatoren und pulsierendes Inselzentrum – Funchals Architektur, seine faszinierenden Museen und eleganten Hotels besitzen ein ganz besonderes Flair, das Geschichte und modernes Leben harmonisch verbindet.

Geschichte Funchal (112 000 Einw.) war nicht die erste Kolonialsiedlung Madeiras. **João Gonçalves Zarco** und seine Männer nahmen ihren Wohnsitz 1419 in Câmara de Lobos, da sie die dicht bewachsene Bucht von Funchal (*funcho* = Fenchel), östlich des Ortes, zunächst roden mussten. Zarco zog anschließend nach Fun-chal um und wurde 1450 zum Legatskapitän der westlichen Inselhälfte bestimmt, während der Osten mit dem Hauptort Machico an seinen Gefährten **Tristão Vaz Teixeira** fiel.

Die See und das fruchtbare Hinterland bildeten die beiden Pfeiler des Wohlstands von Funchal: Als letzter und bedeutender Etappenpunkt auf dem Weg von Portugal und Europa zu den Kolonien in Afrika und Südamerika versorgte es die vor Anker liegenden Schiffe mit Lebensmitteln und Handelswaren. **Zuckerrohr** und ab Mitte des 16. Jh. zunehmend auch Wein wurden an den Hängen um die Hauptstadt angebaut, in Zuckermühlen und Weinkellern verarbeitet und an die Handelsfahrer verkauft, welche die begehrten Waren an die Höfe Europas brachten. Als der Zuckerhandel aufgrund der Konkurrenz aus den Kolonien in der Karibik und in Brasilien und wegen der

zunehmend ausgelaugten Böden nicht mehr rentabel war, konzentrierte sich Funchals – und Madeiras – Wirtschaft auf den **Madeirawein**, der wegen seiner Haltbarkeit auf den Transkontinentalrouten der Seefahrer überaus beliebt war. Mehrmals von Korsaren heimgesucht, wurde Funchal Ende des 16./Anfang des 17. Jh. mit Festungen und Stadtmauer geschützt. 1803 vernichtete eine verheerende Überschwemmung die Stadt und riss 600 Menschen in den Tod. Daraufhin wurden die drei Ribeiras, Flüsse, die in Funchal ins Meer münden, in Kanäle gefasst und begradigt.

Ab Mitte des 19. Jh. entwickelte sich in und um Funchal ein sehr elitärer Tourismus der europäischen Adeligen, die den ewigen Frühling genossen und im gesunden Klima der Insel ihre Krankheiten kurierten. Ab Anfang der 60er-Jahre des 20. Jh. wurde Madeira mit dem Bau von Mittelklassehotels in der Hotelzone westlich von Funchal auch für andere Urlauber ein erschwingliches Ferienziel.

Funchal ist nicht nur touristischer, sondern auch Wirtschafts- und Verwaltungsmittelpunkt der Insel. Neben der Regionalregierung und der Diözese haben auch alle bedeutenden Wirtschaftsunternehmen ihren Sitz in der Stadt.

Von Funchals Marina in luftige Höhen

Ausgangspunkt für eine Besichtigung ist die breite und viel befahrene Uferpromenade **Avenida do Mar** ❶ mit ihren Kais, an denen Segeljachten aus aller Herren Länder festmachen. Gegenüber beherrscht die wuchtige Fassade des **Palácio de São Lourenço** ❷ die Uferstraße. Anstelle eines einfachen Walls wurde hier bereits im 16. Jh. ein Fort errichtet. Seine heutige Gestalt erhielt der Palácio im seeräubergeplagten 17. Jh. Das Gebäude mit den wuchtigen, zinnengekrönten Ecktürmen ist im klassischen madeirensischen Baustil gehalten. Seine weißen Mauern kontrastieren mit den Tor- und Fensterumrandungen aus grauschwarzem Basaltstein. Den zur See hin gewandten Ostturm schmückt ein aus Basalt gearbeitetes Wappen der portugiesischen Krone. Es zeigt das Kreuz des Christusordens zwischen zwei Armillarsphären: Der Christusorden entstand in Portugal in der Nachfolge des 1312 vom Vatikan aufgelösten Tempelritterordens. Unter seiner Flagge segelten Portugals Karavellen zu ihren Entdeckungsfahrten. Die Armillarsphären repräsentieren kugelförmige astronomische Messgeräte und symbolisieren die wissenschaftliche Erforschung der Welt. Die Festung dient heute als Sitz des Regierungschefs und beherbergt außerdem eine Ausstellung zur Militärgeschichte (Mo–Sa 9–12.30, 14–17 Uhr).

Eine Allee aus mächtigen Jacaranden, die sich im Frühjahr im lilafarbenen Blütenkleid präsentieren, steigt an der Ostseite des Palácio bergan nach Norden. Diese *Avenida Zarco* ist nach dem ersten Legatskapitän Funchals benannt und führt direkt auf das **Monumento Zarco**

Ein solider Schutz gegen Piraten: der Palácio de São Lourenço an der Avenida do Mar

Meisterstück hispano-maurischer Handwerkskunst: die Mudéjar-Decke der Sé

3 zu, das die Kreuzung mit der Avenida Arriaga schmückt. 1934 schuf der berühmteste Künstler Madeiras, Francisco Franco, die sich dem offenen Meer zuwendende Statue.

Die ebenfalls von Jacaranda-Bäumen beschattete **Avenida Arriaga** **4** verläuft parallel zur Seepromenade und verbindet Funchals Hotelzone im Westen mit der Innenstadt. Man folgt ihr nach rechts und hat dabei ausführlich Gelegenheit, den kunstvollen Bodenbelag zu bewundern, den Madeira ab dem 18. Jh. vom Mutterland Portugal übernommen hat. Zunächst verlegte man Flusskiesel auf den Straßen, später wurden die Kiesel oval zurechtgehauen und zu weiß-grauen Mustern zusammengesetzt. So verspielt dieser Dekor wirkt, er hat seine Tücken: Bei Nässe verwandeln sich die Gehsteige in gefährliche Rutschbahnen, und daher empfiehlt sich Schuhwerk mit rutschfester Sohle. Schon bald verengt sich die Avenida Arriaga und mündet in einen Platz, den Funchals Kathedrale, die **Sé** **5** (Rua do Aljube, tgl. 8–12, 16–18.30 Uhr), beherrscht. 1493 regte König Manuel I. den Bau des Gotteshauses an, 1514 war er vollendet und die Sé als erste Kathedrale in den überseeischen Besitzungen Portugals geweiht. An der Fassade kontrastieren feine,

in dunkelrotem Tuffstein ausgeführte Steinmetzarbeiten der manuelinischen Epoche mit dem strahlenden Weiß der schmucklosen Wände. Der wuchtige Glockenturm, der sich ähnlich bei fast allen Kirchen Madeiras wiederfindet, ist an den vier Ecken mit zinnenförmigen Steinen geschmückt. Er trägt einen zierlichen Aufsatz mit Uhr und eine keramikverkleidete Spitze. Das gotische Eingangsportal zeigt das portugiesische Wappen, darüber durchbricht eine Rosette die streng gegliederte Front, und auf der Giebelspitze thront das Kreuz des Christusordens. Seinem Großmeister Heinrich dem Seefahrer hat Portugal seine Entdeckungsfahrten und Kolonien zu verdanken.

Im Inneren der dreischiffigen Kathedrale fasziniert die mit wertvollen Elfenbeinintarsien geschmückte Holzdecke mit ihren floralen Mustern und den Tiermotiven im Mudéjar-Stil (16. Jh.). Dieser hatte sich ab dem 13. Jh. unter dem Einfluss islamischer Baukunst auf der Iberischen Halbinsel entwickelt. Seine Kennzeichen sind die vielfach gebündelten und miteinander verflochtenen vertikalen Streben der Architektur und die zur Abstraktion neigende Dekoration. Aus der manuelinischen Epoche stammt das in tiefem Blau gehaltene und mit Goldschmuck verzierte Chorgestühl, während

die mit Gold überzogenen, kunstvoll ge-schnitzten Altäre und die Azulejo-Kachelbilder im Kirchenraum im Barock angefertigt und hinzugefügt wurden.

Der Platz um die Kathedrale und die von hier zum Meer führende Fußgängerzone sind gesäumt von Cafés und Restaurants. Im Schatten des Kirchturms haben die Blumenfrauen ihren festen Marktplatz.

Südlich der Kathedrale führt die *Rua da Sé* zur *Praça Colombo* mit dem Zuckermuseum. Seinen Namen verdankt der Platz einer Legende. Im Haus des flämischen Kaufmanns João Esmeraldo, das Ende des 19. Jh. abgerissen wurde und dessen Fundamente unter dem Museumsbau wieder freigelegt wurden, soll der berühmte Entdecker und Seefahrer Christoph Kolumbus einige Zeit verbracht haben. Die Grabungsdokumentation zum Haus des Kaufmanns und allerlei Exponate zum Thema Zuckeranbau, Zuckerverarbeitung und Zuckerhandel sind im **Museu A Cidade do Açúcar** 🔴

(Praca do Colombo, 5, Tel. 291 23 69 10, vorauss. bis Herbst 2014 geschl.) ausgestellt. Darunter sind beispielsweise bronzene Zuckergewichte aus der manuelinischen Epoche, Tonformen für Zuckerhüte und *Alfenim*-Süßigkeiten aus Zucker und Mandelöl. Daneben belegen flämische Gemälde und Luxusimportgüter wie chinesisches Porzellan den Wohlstand der Händler, die mit dem süßen ›weißen Gold‹ weltweit ihre Geschäfte machten. Dies verdeutlicht, welche Rolle Zucker und damit die Insel Madeira in Europas Ökonomie damals spielte. In einem der Räume gibt eine Glaswand den Blick frei auf Mauern und Fundament des Esmeraldo-Hauses.

Über die *Rua do Esmeraldo* in Richtung Norden gelangt man auf die *Rua do Aljube*, die Fortsetzung der Avenida Arriaga, und setzt den Rundgang durch die *Rua dos Ferreiros* mit ihren Kunsthandwerks- und Modegeschäften fort. Nach links zweigt die *Rua do Bispo* ab, an der im Bi-

Die Jesuitenkirche São João Evangelista und das Rathaus säumen die Praça do Município

funchal.org, Di–Sa 10–12.30 und 14.30–18, So 10–13 Uhr) residiert. Im ersten Stock wird kostbares Inventar aus verschiedenen Kirchen gezeigt: Prozessionskreuze aus Silber und Gold, feines Messgeschirr, zierlich mit Goldfäden bestickte Talare und gotische Heiligenskulpturen. Der zweite Stock gilt mit einer Sammlung flämischer Tafelbilder, unter anderem mit Arbeiten Rogier van der Weydens, als eines der kunsthistorischen Höhepunkte von Funchal: Durch den starken Einfluss flämischer Kaufleute auf den Zuckerhandel war die Route Funchal–Antwerpen im 15. und 16. Jh. die wichtigste Handelsverbindung der Insel. Die durch Zucker reich gewordenen Flamen kauften heimische Kunst für ihre Privathäuser auf Madeira und die Kirchen der neuen Heimat. Ein hoher Symbolgehalt wird dem Gemälde ›Treffen der hl. Johanna mit dem hl. Joachim‹ aus dem 16. Jh. zugeschrieben, das von einem anonymen flämischen Meister geschaffen wurde. Es soll im Habitus der Heiligen einen im 15. Jh. aus Europa geflüchteten König und seine Gattin darstellen, die in Madeira Zuflucht gefunden hatten.

Wenige Schritte vom Museum entfernt öffnet sich das Gassengewirr der Altstadt zu der lichten, nahezu quadratischen *Praça do Município*. Die **Câmara Municipal 8**, das Rathaus an der Ostseite des Platzes, wurde als Privatpalais von einem der reichsten Kaufleute Madeiras, von Conde João José de Carvalhal, Ende

schofspalais (18. Jh.) das **Museu de Arte Sacra 7** (Rua do Bispo, 21, Tel. 291228900, www.museuartesacra

Eine bedeutende Sammlung flämischer Malerei birgt das Museu de Arte Sacra

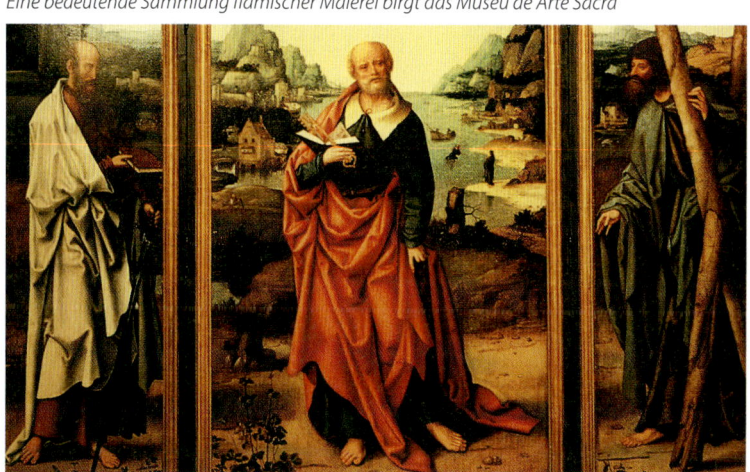

Genreszene mit traditionellen Madeiraprodukten auf blau-weißem Azulejo-Gemälde

Wunderschöne Kachelmalerei

Der Ursprung der portugiesischen **Azulejos** liegt wahrscheinlich im fernen Bagdad. Mit der islamischen Eroberung gelangte der Keramikschmuck über die Länder des Maghreb nach Spanien, wo er bald zu höchster Blüte gelangte. Früh tauchten bereits **florale Motive** auf. Darstellungen von Lebewesen hingegen waren dagegen eher selten, galten sie doch im Islam als verpönt. Die Kunsthandwerker Spaniens lieferten ihre Fliesen ab dem 15. Jh. auch nach Portugal, wo die Kachelkunst schnell Fuß fasste und sogar in die Kolonien exportiert wurde. In Funchal sind original hispano-maurische Fliesen noch an der Spitze der **Sé** und im Museum **Quinta das Cruzes** [s. S. 26] zu bewundern. Sie sind einfarbig oder weisen Ritzungen auf, die das Verlaufen der verschiedenen Farben beim Brennen verhindern sollten.

Als die **Reconquista** im 16. Jh. dem muslimischen Handwerk in Spanien ein Ende setzte, begannen portugiesische Werkstätten, die Fliesen selbst zu produzieren. Sie wurden zunächst **Majólica** genannt. Die Bezeichnung geht ursprünglich auf das spanische Keramik-Exportzentrum Mallorca (Majorca) zurück. Dieses gab dann der neuen italienischen Keramik mit ihrer verfeinerten **Maltechnik** den Namen, dank derer die Muster und Motive nun frei auf den glasierten, ungebrannten Träger gemalt werden konnten. Im portugiesischen Sprachraum bürgerte sich schließlich für in dieser Weise bemalte Kacheln der Name Azulejos ein. Da das islamische Bildverbot keine Rolle mehr spielte, wurden ornamentale und pflanzliche Motive durch den ganzen **figürlichen Kanon** europäischer Kunst ergänzt. Spätestens mit dem Ende des 17. Jh. entstanden mehrteilige, großformatige **Kachelgemälde** mit religiösen Darstellungen, aber auch mit Landschafts- und Genreszenen.

Hervorragend erhalten sind beispielsweise die schönen, azulejoverkleideten Wände in der **Igreja Santa Clara** [s. S. 26] in Funchal. Bei diesen Werken wurde noch eine Farbpalette warmer Erdtöne wie Gelb, Grün und Ocker gewählt. Doch bald setzten sich die in **Blau-Weiß** gehaltenen Azulejos durch. Der Ursprung dieser Mode lag im Fernen Osten, in **China**, und nahm seinen Weg über die Niederlande nach Portugal. Nicht umsonst erinnern viele portugiesische Azulejo-Motive verblüffend an jene auf Delfter Porzellan.

Die meisten alten Azulejo-Verkleidungen sind längst verschwunden oder befinden sich in nicht zugänglichen Kapellen und Quintas. Historische Kachelbilder werden heute noch im Botanischen Garten von **Monte Palace** [s. S. 43] gezeigt. Eine Sammlung alter Azulejos ist außerdem im **Museu Dr. Frederico de Freitas** [s. S. 25] zu sehen. Was heute die Wände öffentlicher Gebäude wie den Treppenaufgang des Município und die Fassade der Handelskammer in Funchal schmückt, stammt vorwiegend vom Anfang des 20. Jh., als Madeira eine wahre Azulejo-Renaissance erlebte.

des 18. Jh. im Barockstil erbaut. Der Stadtverwaltung dient es seit Ende des 19. Jh. Auch hier sorgt der Kontrast von grellweißer Fassade und dunklem Basaltrahmen um Fenster und Eingangsportal für typisch madeirensisches Flair. Durch die Vorhalle gelangt man in den intimen Innenhof mit einem Brunnen, auf dem Zeus in Schwanengestalt die holde Leda umgarnt. Die Treppenaufgänge beiderseits der Portiersloge sind mit blau-weißen Azulejos [s. S. 24] geschmückt.

Die Nordseite der Praça do Município überblickt von ihrem leicht erhöhten Podest aus die Kollegiatskirche **São João Evangelista** 9 (unregelmäßig geöffnet). Vier Marmorstatuen, eine stellt den Ordensgründer Ignatius von Loyola dar, bewachen die barocke Fassade des Gotteshauses. Im Inneren zeigt sich der Reichtum des Ordens in blitzenden vergoldeten Schnitzereien, vor allem in den Seitenkapellen, und in wunderschönen Azulejo-Bildern, die hier fast das gesamte Querschiff auskleiden.

Über die *Rua C. Pestana* und die *Rua das Pretas* steigt man nun bergan zu einem sakralen Kleinod: Die **Igreja São Pedro** 10 (Mo–Sa 9–12 u. 15–19, So 10–13 Uhr) an der Ecke zur *Rua dos Netos* wurde 1598 errichtet und im 18. Jh. gründlich renoviert – aus dieser Zeit stammt auch die heutige Fassade. Ihr Inneres bezaubert durch die blau-weißen, geometrischen Azulejos, mit denen die Wände fast vollständig bis zur Decke

TOP TIPP

ausgekleidet sind, und durch einen prachtvoll vergoldeten, üppigen Altar.

Einige Schritte weiter jenseits der Rua dos Netos befindet sich im Palácio de São Pedro, der ebenfalls dem Conde de Carvalhal gehörte, das bescheidene **Museu de Historia Natural** 11 (Naturkundliches Museum, Tel. 291 22 97 61, Di–So 10–18 Uhr). Die absolute Hauptattraktion hier ist das Aquarium mit zahlreichen Vertretern der heimischen Meeresfauna.

Anschließend geht es ein anstrengendes Stück steil bergan durch die *Calçada Santa Clara*. Dabei passiert man das **Museu Dr. Frederico de Freitas** 12 (Calçada de Santa Clara, 7, Tel. 291 20 25 70, Di–Sa 10–17.30 Uhr), das Kunst und Wohnkultur Madeiras beispielhaft vorstellt. In den zum Teil mit Originalmöbeln des 19. Jh. ausgestatteten Räumen ist die Sammlung des Mäzens Frederico de Freitas ausgestellt, u.a. wertvolles Porzellan, Gemälde, sakrale Kunstwerke und sogar Briefmarken. In einer Azulejo-Abteilung finden sich Kachelbilder aus allen Epochen Madeiras, u.a. die ältesten Fliesen mit geometrischen Motiven aus dem Convento Santa Catarina.

Unmittelbar danach läuft man an der Fassade des **Convento Santa Clara** entlang. Ende des 19. Jh. starb die letzte Klarissin von Santa Clara, und das Kloster ging in den Besitz der Franziskanerinnen über, die heute hier einen Kindergarten betreiben. Zur Besichtigung klingelt man am Eingang neben der Klosterkirche an

Rückzug in die Stille – Innenhof und Kreuzgang des Klosters Santa Clara

Fast orientalisch wirkt das Innere der altehrwürdigen Igreja Santa Clara

der Ecke Rua das Cruzes. Eine Ordensschwester führt zur Auferstehungskapelle, in der die wertvollsten und ältesten Azulejos des Klosters gehütet werden. Sie stammen aus dem 16. Jh. und zeigen florale Muster in stark verblichenem Blau und Gelb. Eindrucksvoll ist auch der noch erhaltene manuelinische Teil des Kreuzgangs. Er umgibt einen kleinen Palmengarten, in dem Rosenbüsche blühen. (Besichtigung Mo–Sa 10–12, 15–17 Uhr).

TOP TIPP Es schließt sich der Besuch der ehrwürdigen **Igreja Santa Clara** ⓭ (tgl. 10–12 und 15–17 Uhr) an. Der kachelgeschmückte Kirchturm mit seinem kuppelförmigen Dach erinnert ein bisschen an ein Minarett und lässt unschwer den Einfluss islamischer Künstler erkennen. Im Chor der Kirche ist der offizielle Inselentdecker Zarco in einem Bodengrab beigesetzt. Weitaus mehr beeindrucken die mit blauen, weißen und gelben Azulejos geschmückten Wände. Die Kachelgemälde dokumentieren die Formen- und Symbolsprache des frühe Barock in all ihrem Reichtum.

TOP TIPP Ein letzter steiler Anstieg bringt den Besucher zum Museum **Quinta das Cruzes** ⓮ (Calçada do Pico 1, Tel. 291 74 06 70, www.museuquintadas

cruzes.com, Di–So 10–12.30, 14–17.30 Uhr. Das ›Herrenhaus der Kreuze‹ (15. Jh.) gehörte über Generationen hinweg der Genueser Kaufmannsfamilie Lomelino und diente angeblich bereits Zarco als Wohnsitz. Mitte des 18. Jh. vernichtete ein Erdbeben die Quinta, die Ende des 18. Jh. wieder aufgebaut und 1946 von einer Stiftung übernommen und in ein Museum umgewandelt wurde. Beispielhaft lässt sich in den Räumen der prunkvolle Lebensstil reicher madeirensischer Kaufleute studieren. Die aus Zuckerkisten gearbeiteten Möbel wie die Caixa de Açucar waren vor allem im 17. Jh. beliebt. Die zur damaligen Zeit weit reichenden Handelsbeziehungen dokumentiert u. a. das chinesische Porzellan der ›East India Company‹ (18. Jh.). Jüngeren Datums (19. Jh.) sind die zwei schmiedeeisernen Sänften (Palanquin), in denen sich die Wohlhabenden die steilen Inselstraßen hinauf- und hinuntertragen ließen.

Draußen umfängt den Besucher der üppige, bezaubernde Garten der Quinta, in dem Orchideen, Strelitzien und viele andere exotische Pflanzen unter schattenspendenden Bäumen um die Wette blühen. Inmitten des üppigen Grüns stehen auch die efeuumrankten, roman-

Der Garten der Quinta das Cruzes erfreut Pflanzenliebhaber und Historiker gleichermaßen

tischen Ruinen alter Herrenhäuser und Kirchen – von ihren ursprünglichen Standorten hierher gebracht und wieder aufgebaut. Grab- und Wappensteine halten die Erinnerung an angesehene Bewohner der Insel wach. Das eindrucksvollste Exponat dieses ›archäologischen Parks‹ ist das manuelinische Doppelfenster, dessen grauer Basaltstein von Künstlern mit Weinblättern, Tierfiguren und sich umeinander windenden Säulensträngen in ein surreales organisches Gebilde verwandelt wurde. Es stammt wahrscheinlich vom ersten Hospital der Insel (1507). Schräg gegenüber residiert das **Universo de Memórias** 🔴15 (Calcada do Pico 2, Tel. 291 22 51 22, Mo–Fr 10–17 Uhr) in einer Villa aus dem 19. Jh. Reizvoll ist nicht nur die Sammlung von Kunst und Kunsthandwerk aus aller Welt, die der Stifter João Carlos Abreu zusammengetragen hat, sondern auch das hübsche Teehaus.

Die *Calçada Santa Clara* und die *Rua das Pretas* führen zurück in die Innenstadt. Ecke *Rua da Carreira* befindet sich, erreichbar über den Innenhof eines alten Hauses, das berühmte Fotomuseum von Funchal, das **Museu Fotografia Vicentes** 🔴16 (Tel. 291 22 50 50, http://photographiamu

seuvicentes.gov-madeira.pt, wg. Renovierung vorauss. bis Anf. 2016 geschl.). Es zeigt die für die Geschichte des Inseltourismus so bedeutende Bildersammlung des passionierten Fotografen Vicente Gomes da Silva. Der 1827 geborene Madeirer eröffnete in diesem Gebäude 1865 Portugals erstes Fotostudio. Er und seine Nachkommen hielten alle Stationen des aufblühenden Fremdenverkehrs auf der Fotoplatte fest. Auch am Cabo Girão werden übrigens Bilder des Künstlers gezeigt.

Über die Avenida Zarco gelangt man schließlich wieder auf die Avenida Arriaga, passiert rechts die Touristeninformation und betritt gleich nebenan die **TOP TIPP** Gebäude der **Blandy's Wine Lodge** 🔴17 (www.blandyswinelodge.com, Mo–Fr 10–18.30, Sa 10–13 Uhr). Sie gehört der Madeira Wine Company (www.madeirawinecompany.com), die 1913 gegründet wurde, als sich die Weinbetriebe Welsh & Cunha und Henriques & Camara zusammenschlossen. Die Familie *Blandy*, seit 1811 auf der Insel ansässig, stieß 1925 dazu und übernahm die Führung des Unternehmens. Diesem Familiennamen begegnet man hier auf Schritt und Tritt, ihnen gehören Hotels, Restaurants und die Tageszeitung ›Diário des Notícias‹.

Mehrere thematisch unterschiedliche Führungen werden angeboten (Tel. 291 22 89 78). Zum Abschluss kann man in den Probierstuben die Madeiraweine verkosten und kaufen.

Die Avenida Arriaga passiert nun eine hübsche Parkanlage, den **Jardim Municipal** **⑱**. Mittelpunkt des mit vielen exotischen Bäumen aus allen Teilen der Welt bepflanzten Areals ist ein Freilufttheater. Gegenüber dem Park steht das um 1900 entstandene klassizistische **Teatro Municipal** und daneben die zeitgleich errichtete Handelskammer **Câmara do Comercio**. Deren Erdgeschoss beherbergte früher das elegante Café Ritz. Azulejo-Bilder rahmen die Schaufenster. Im klassischen Blau-Weiß lassen sie Szenen des traditionellen madeirensischen Lebens wieder erstehen. Hinter der historischen Fassade der Handelskammer verbirgt sich ein Einkaufszentrum, die **Galerias São Lourenço,** mit vielen Kinos, Boutiquen und Restaurants.

Zona Velha – wo alles begann

Vom Palácio de São Lourenço führt die Avenida do Mar weiter am Meer entlang nach Osten in das alte Hafen- und Fischerviertel Zona Velha. Sie passiert das frühere Zollhaus **Alfándega Velha** **⑲**, in dem heute das Regionalparlament Madeiras tagt. Von dem im 16. Jh. errichteten Bau sind nur noch das manuelinische Eingangsportal an der Nordfassade und Teile des Ostportals erhalten. Schon bald erreicht man die **Praça de Autonomia** **⑳**, einen der wichtigsten Verkehrsknotenpunkte Funchals. Hier starten die meisten Stadtbusse zu den touristischen Zielen in der Umgebung. Die **Teleférico Funchal-Monte** **㉑**, Funchals Kabinenbahn hinauf nach Monte, ist nicht zu verfehlen. Aus luftiger Höhe bietet sie wunderbare Ausblicke über die gesamte Bucht.

TOP TIPP Gleich dahinter führt das **Madeira Story Centre** **㉒** (Rua D. Carlos I, Tel. 291 00 07 70, www.storycentre.com, tgl. 10–18 Uhr) durch die Geschichte der Insel und erklärt ihre Entstehung, Flora und Fauna sowie die Wirtschaftsgüter Zucker und Wein. Spielend, riechend und tastend haben auch Kinder Spaß an diesem spannenden Museum.

Über die *Rua do Visconde do Anadia* in Richtung Nordosten erreicht man an der Kreuzung mit der *Rua João de Deus* das **Museu do Bordado** **㉓** (Rua Visconde de Anadia, 44, Mo–Fr 9.30–12.30 und 14–17.30 Uhr), in dem der Besucher einen her-

Wunderschöne Korbwaren an einem Stand auf dem Mercado dos Lavradores

vorragenden Überblick über das Kunsthandwerk Madeiras erhält. Vor allem die Exponate der Madeirastickerei und die Gobelins sind außerordentlich sehenswert. Im Erdgeschoss residiert übrigens das Institut IBTAM, das die Stickereien aus allen Teilen Madeiras prüft und mit einer Plombe als Handarbeit kennzeichnet.

Hinein ins pralle Leben führt der Rundgang nun die *Rua Brigadeiro Oudinot* bergab, wo man links auf den überaus lebhaften Markt von Funchal, den **TOP TIPP** **Mercado dos Lavradores** 24, (Mo–Do 8–19, Fr 7–20, Sa 7–14 Uhr), stößt. Im Jahr 1940 wurde die Markthalle mit ihrer schlichten Fassade eröffnet. Den Eingangsbereich schmücken herrliche Azulejos mit typischen Marktszenen. Herzstück des Mercado ist der arkadengesäumte Innenhof mit Obst- und Blumenständen. Treppen führen hinauf in die überdachte Etage, wo Händler mit exotischen Früchten, mit Gemüsen, Wein, Honig und anderen Köstlichkeiten um Kunden werben. Die Fischverkäufer residieren in einer eigenen großen Halle, in der sie u.a. riesige Thun- sowie Degenfische vor den staunenden Augen eines zahlreichen Publikums küchenfertig herrichten. Vor allem am Vormittag herrscht auf dem Mercado dichtes Gedränge und er ist Mittelpunkt der Zona Velha. Im ältesten Viertel von Funchal bauten die ersten Siedler Anfang des 15. Jh. ihre Häuser am Ostufer der Ribeira de João Gomes, und während sich das städtische Zentrum in der Folgezeit nach Westen, in die heutige City, verlagerte, blieb die Zona Velha auch weiterhin die Heimat der kleinen Leute, der Fischer und Handwerker. Neuerdings wurde viel restauriert, man legte eine Fußgängerzone an, und die alten Handwerksateliers und Häuser

Bananen, Tomaten, Aprikosen: Herzstück des Mercado von Funchal sind die Obststände

verwandelten sich in schicke Restaurants, Cafés und Nachtklubs. Während allenthalben das Nachtleben blüht, ist nur noch in den Seitengassen etwas vom früheren Flair lebendig. Flanierzone ist die *Rua de Santa Maria,* eine schmale, von zahlreichen Restaurants gesäumte Gasse, die auf einen kleinen Platz mit der **Capela do Corpo Santo** 25 zuführt. Die schlichte weiße Kirche stammt aus dem 16. Jh., manuelinische Steinmetzarbeiten des Vorgängerbaus aus dem 15. Jh. rahmen das Eingangsportal. Das Innere ist mit Szenen aus dem Leben des hl. Telmo, des Schutzpatrons der Fischer und Seeleute, ausgemalt. An der Holzdecke prangt das Gemälde eines portugiesischen Schiffes.

Rechts an der Capela vorbei passiert die Straße die **Fortaleza São Tiago**, die 1614 zum Schutz der östlichen Buchtseite errichtet wurde. Nach Jahren im Dienst des Militärs residiert in dem mit runden Türmchen bewehrten Bau inzwischen das **Museu de Arte Contemporânea** 26 (Tel. 291 21 33 40, Mo–Sa 10–12.30 und 14–17.30 Uhr) mit Werken renommierter por-

tugiesischer Künstler des 20./21. Jh. Die Sammlung bietet eine repräsentative Schau der Gegenwartskunst.

Hinter dem Fort liegt die Badeanlage **Praia de Barreirinha** 27. Ein Ponton führt über die Felsküste aufs Meer, sodass man direkt ins kühle Nass springen kann. Leider ist die einst so beliebte Anlage mittlerweile in die Jahre gekommen und derzeit nicht zum Baden zu empfehlen. Eine Alternative bietet der im Westen des Hafens liegende *Lido* [s. S. 33].

Ein Fußweg führt vom Fort ein kleines Stück hinauf zur barocken Wallfahrtskirche **Igreja do Socorro** 28. Im 16. Jh. errichtete man hier eine erste Kapelle, die 1748 bei einem Erdbeben zerstört wurde. Danach begannen die Bauarbeiten für die heutige Kirche, das alte Portal wurde integriert. Dieses Gotteshaus spielte bei den Pestepidemien, die Madeira immer wieder heimsuchten, eine wichtige Rolle. Es ist dem hl. Santiago (Jakobus d.J.) geweiht, dessen Statue damals in Bittprozessionen durch die Stadt getragen wurde. In Gedenken an die Pestopfer findet

Die ruhige Seite des Atlantiks: ein Meeresschwimmbad mit Pools bei Funchal

alljährlich am 1. Mai eine Prozession statt, die an der Kirche ihren Ausgang nimmt.

Die Hotelzone

Funchals Hotelzone beginnt westlich des Parque de Santa Catarina und zieht sich an der Felsküste und an den Hängen etwa 2 km entlang bis zur Praia Formosa. Platzmangel bestimmte nachhaltig die wenig inseltypische Architektur dieses Viertels. Am Kreisverkehr der *Praça do Infante* quälen sich die Autokolonnen um eine Armillarsphären-Skulptur und am 1947 errichteten Denkmal Heinrichs des Seefahrers, dem **Monumento do Infante** 🔴29, vorbei. Von hier aus läuft man zunächst bergan zum **Parque de Santa Catarina** 🔴30. Am östlichen Ende des Parks steht Madeiras vermutlich ältestes Gottesdienst, die **Capela de Santa Catarina**, die von Zarcos Ehefrau Constança Rodriguez 1425 als Holzkapelle gestiftet wurde. Der außen wie innen schlichte Bau wur-

de mehrmals architektonisch verändert und stammt in seiner heutigen Form aus dem 17. Jh. Die Kapelle besitzt einen überdachten Vorbau mit einem Taufbecken aus manuelinischer Zeit (16. Jh.) und einen aus der gleichen Epoche stammenden Glockenturm. Auch das 20. Jh. hat in Gestalt der Monumentalbronze **Semeador** (Sämann, 1919) von Francisco Franco Eingang in die Parkanlage gefunden. Die kleine **Estátua de Cristovão Colombo** erinnert an den Entdecker Christoph Kolumbus, der mehrmals auf Madeira und Porto Santo zu Gast gewesen sein soll [s. S. 112]. Historisch verbrieft sind allerdings nur zwei Besuche.

Im Westen schließt der **Parque Quinta Vigia** 🔴31 an. Das im 17. Jh. erbaute dazugehörige Herrenhaus ist heute im staatlichen Besitz und das Gästequartier der Regionalregierung von Madeira. Bei Staatsbesuchen ist der Park geschlossen. Das zweite Herrenhaus der Quinta Vigia, das weiter westlich liegt – hier kurierte die österreichische Kaiserin Elisabeth I., die berühmte Sisi, ihre körperlichen und

Reid's oder wie eine Hotellegende entsteht

Die Anfänge des Tourismus auf Madeira lassen sich bis in die Mitte des 18. Jh. zurückverfolgen. **Englische Ärzte** wurden auf das gesunde und milde Winterklima der Insel aufmerksam, das sie vor allem Lungenkranken empfahlen.

Ab Mitte des 19. Jh. entwickelte sich ein exklusiver **Wintertourismus**. Adelige und Wohlhabende flohen vor den kalten mitteleuropäischen Wintern auf die Atlantikinsel und mieteten Woh-

nungen oder Quintas an. Viele nahmen die Dienste eines **Maklerbüros** in Anspruch, das komplett ausgestattete Villen vermittelte. Sein Besitzer war **William Reid**, Sohn eines schottischen Bauern, der 1836 als armer Schlucker nach Madeira gekommen war und sich mit Fleiß und Ehrgeiz an die Welt der Reichen herangearbeitet hatte. Reid wandelte die ersten Quintas in Hotels um und ging schließlich daran, seinen Lebenstraum zu erfüllen: ein **Luxushotel** für seine exklusive Klientel zu bauen. 1891, drei Jahre nach Reids Tod, wurde der erste Trakt eröffnet, 1901 war das **Reid's Palace Hotel** [s. S. 35] unter Leitung der Reid-Söhne schließlich fertiggestellt, und Europas Schickeria strömte in Scharen herbei.

1925 waren die Reids auf Grund großer finanzieller Schwierigkeiten gezwungen, den Hotelpalast abzustoßen. Nach einem kurzen Intermezzo gelangte das Haus 1937 in die Hände der zweiten bedeutenden englischen Familie auf Madeira, der **Blandys**. Mit viel Pomp wurde die renovierte Anlage nach dem Zweiten Weltkrieg wieder eröffnet. Die exquisite Kundschaft blieb dem Reid's auch nach dem Eigentümerwechsel treu, und die **Gästeliste** liest sich wie ein Who's who des europäischen Adels, garniert mit illustren Namen aus Politik, Film und Literatur: Da findet man Rainer Maria Rilke neben George Bernard Shaw, Fulgençio Batista, den gestürzten kubanischen Diktator, neben Albert Schweitzer, König Carl Gustav und Königin Silvia von Schweden neben Prinzessin Margaret und ihrem damaligen Ehemann Tony Armstrong, den Moby-Dick-Star Gregory Peck neben dem James-Bond-Mimen Roger Moore.

Die Legende lebt weiter: Reid's Palace Hotel ist auch heute noch die allererste Adresse auf Madeira. Man legt hier großen Wert auf Etikette. Jackett und Krawatte sind zum Beispiel Pflicht im Speisesaal, ebenso erwartet man angemessene Kleidung beim berühmten **Five o'Clock Tea**, den auch Nicht-Hotelgäste im Reid's einnehmen können. Zum Tee werden süße und salzige Häppchen in bester britischer Tradition kredenzt. 1996 wurde das Hotel an die ›Orient Express Group‹ verkauft und umfassend renoviert. Heute präsentiert sich das Reid's noch schöner, ist noch immer very british und Mitglied der ›Leading Hotels of the World‹.

seelischen Leiden –, musste leider Anfang der 1970er-Jahre dem prestigeträchtigen **Casino da Madeira** 32 weichen. Der Architekt Oscar Niemeyer, nach dessen Plänen auch Brasiliens Hauptstadt Brasilia entstanden ist, konzipierte das Paradies der Spieler und Glückssucher als einen Rundbau mit in den Himmel ragenden, spitz zulaufenden Betonpfeilern, die eine Dornenkrone nachbilden sollen.

Das **Museu Cristiano Ronaldo** 33 (Rua Princesa D. Amélia 10, tgl. 9–18 Uhr), von Ronaldo selbst finanziert und im Dezember 2013 eröffnet, widmet sich dem Leben des in Funchal geborenen Fußballers mit einigen Ausstellungsstücken wie Fotos, Trikots und Trophäen.

Ein Stück weiter stadtauswärts ist die **Quinta Magnólia** 34 erreicht. Durch den Eingang an der rechts abzweigenden *Rua do Dr. Pita* gelangt man in die gepflegte Parklandschaft des einstigen British Country Club, die dem Besucher die verschiedensten Möglichkeiten zur Freizeitgestaltung bietet: Neben Schwimmbad, Tennisplätzen und Jogging-Parcours gibt es einen großen Spielplatz.

Die *Estrada Monumental* führt nun nach rechts in Richtung Lido. Nach wenigen Schritten öffnet sich linker Hand der Eingang zum **Reid's Palace Hotel** 35, Madeiras Nobelunterkunft, in der sich Prominente und Adelige zu Hause fühlen.

Am Cliff Bay Hotel vorbei erreicht man schließlich Funchals **Lido** 36 mit dicht an dicht stehenden Hotelhochhäusern. Nach links führt die *Rua Gorgulho* zum Felsenstrand mit einem großen Meerwasser-

Schwimmbecken, Liegen- und Sonnenschirmverleih sowie zahlreichen kleinen Cafés und Restaurants. Neben der Barreirinha östlich von Funchal und der Badeanlage des Clube Naval weiter westlich ist die **Piscina do Lido** Funchals dritte öffentliche Strandzone, an der man bei ruhiger See ins Meer springen kann. In den Sommermonaten freilich bleibt bei allen dreien kein Fleckchen unbesetzt und Badegäste können hier herrliche Charakterstudien betreiben.

Ausflug

Von der Avenida do Infante biegt man hinter der Quinta Magnolia rechts in die bergauf führende Rua do Dr. Pita ein und folgt den Hinweisschildern ›São Martinho‹ bzw. ›Pico dos Barcelos‹. Die im Jahr 1927 errichtete schlichte Kirche **São Martinho** ist mit ihrem hohen Glockenturm eine unübersehbare Landmarke. Hier geht's dann rechts am Friedhof weiter bergan und nach einigen Serpentinen wieder rechts, wo man den Schildern zum Aussichtspunkt **Pico dos Barcelos** (355 m, Kiosk und Spielplatz, 8–20, im Winter bis 19 Uhr) folgt. Etwas steiler hinauf geht es von Funchals Avenida do Infante zum Gipfel. Für die teils anspruchsvolle Wanderung (Dauer: ca. eine Std.) wird man mit einem herrlichen Blick über Funchal belohnt. Bei klarem Wetter sieht man die etwa 30–40 km vor der Südostküste liegenden, unbewohnten Felsinseln **Ilhas Desertas** am Horizont, auf denen Seehunde und seltene Wasservögel leben.

Ein Hauch von Las Vegas in Funchal – Oscar Niemeyers futuristisches Casino

ℹ Praktische Hinweise

Information

Madeira Tourism Office, Av. Arriaga 16, Funchal, Tel. 291 21 19 02, www.visit madeira.pt, Mo–Fr 9–19, Sa, So 9–15 Uhr

Flughafen

Aeroporto Funchal, Santa Cruz, Tel. 291 52 07 00, www.anam.pt

Öffentliche Verkehrsmittel

Funchal besitzt ein sehr gut ausgebautes Netz von Bussen, mit denen man alle Sehenswürdigkeiten auch am Rande der Stadt erreichen kann. Das Informationsbüro (s. o.) verkauft Fahrpläne aller Linien. Die meisten Busse zu Ausflugszielen starten an der Avenida do Mar bzw. an der Avda. das Comùnidades hinter dem Elektrizitätswerk. Etwas weiter östlich ist auch die Talstation der Kabinenbahn nach Monte (9–17.45 Uhr).

Panoramablicke inklusive: Mit der Kabinenseilbahn geht es nach Monte hinauf

Stadtführungen

Stadteroberungen sind mit roten Doppeldeckerbussen nach dem Hop-on-hop-off-Prinzip möglich (Abfahrten alle 30 Min., Haltestellen an der Avenida do Mar, www.douroacima.pt). Individueller sind die Stadtführungen mit Tuk-Tuks, den motorgetriebenen, dreirädrigen Vehikeln (www.tukxi.pt). Auf eigene Faust entdeckt man Funchal mit den elekrobetriebenen Citybubbles – Zweisitzer, die einen GPS-gesteuert an alle Sehenswürdigkeiten bringen (www.citybubbles.net).

Segeln

Santa Maria, Marina, Funchal, Tel. 291 22 03 27, www.madeirapirateboat. com. Mit einem originalgetreue Nachbau des Kolumbusschiffes ›Santa Maria‹ kann man entlang Madeiras Südküste segeln.

Pools im Lagunenstil und ein tropischer Garten: Das Royal Savoy Hotel bietet 5-Sterne-Luxus

TOP TIPP **Lobosonda**, Marina de Calheta, Mobiltel. 968 40 09 80 oder 914 71 02 59, www.lobosonda.com. Mit einem Segelboot geht es hinaus zur Delfin- und Walbeobachtung.

Wandern

Madeira Wandern (Rua Dom Francisco Santana 48, Caniço, Tel. 915 69 32 04. Tageswanderungen sowie mehrtägige Wanderausflüge unter deutschsprechender Führung.

Einkaufen

Blandy's Wine Lodge, Av. Arriaga 28, Funchal, Tel. 291 74 01 00. Madeiraweine zum Verkosten und Kaufen.

Dolce Vita, Rua Dr. Brito Câmara 9, Funchal, Tel. 291 21 54 20, www.dolcevita.pt. Shoppingcenter mit Markenläden und gut sortiertem Supermarkt im Glaspalast.

TOP TIPP **Fabrica Sto. Antonio**, Travessa do Forno 27, Funchal, Tel. 291 22 02 55. Eine Traditionsadresse für Liebhaber von Honig, Honigkuchen und Keksen. Seit 1893 werden hier Köstlichkeiten hergestellt und verkauft.

O Bordão, Rua da Carreira 173, Funchal, Tel. 291 28 12 65, www.obordao.com. Kleidung und Ausrüstung für Wanderer. Außerdem organisierte Trekkingtouren.

Viola, Larguinho da Feira 3, Funchal, Tel. 291 22 19 77. Feinste Madeirastickereien aus einem Traditionsgeschäft in der Nähe des Mercado dos Lavradores.

Nachtleben

As Vespas, Av. Francisco Sá Carneiro 7, Funchal, Tel. 291 23 48 00, www.discotecavespas.com. An den Wochenenden tobt hier Funchals Jugend zu Techno und Hip Hop.

Casino da Madeira, Av. do Infante, Funchal, Tel. 291 20 91 80, www.casinodamadeira.com. Einarmige Banditen, Roulette, Restaurant und Las-Vegas-Shows.

Sabor a Fado, Travessa das Torres 10, Funchal, Tel. 925 61 22 59. In dem sympathischen kleinen Restaurant singt die ganze Familie, von der Schwiegeroma bis zur Enkeltochter, die ergreifendsten Fado-Melodien.

Hotels

TOP TIPP ***** **Quinta Jardins do Lago**, Rua Dr. J. Lemos Gomes 29, Funchal, Tel. 291 75 01 00, www.jardins-lago.pt. Das historische Herrenhaus ist umgeben von einem wahren botanischen Garten. Die Zimmer sind geschmackvoll mit Antik-Möbeln eingerichtet. Entspannen können die Gäste im gemütlichen Salon oder in Sauna und Dampfbad.

TOP TIPP ***** **Reid's Palace Hotel**, Estrada Monumental 139, Funchal, Tel. 291 71 71 71, www.reidspalace.com, kostenlose Reservierung in Deutschland, Tel. 08 00/183 07 81. Höhepunkt englischer Lebensart und der absolute Luxus in herrlicher Lage über den Klippen. 162 Zimmer und 32 Suiten. Das wunderbar mit alten portugiesischen Azulejos dekorierte Meeresschwimmbecken ist eine Augenweide, der üppige Park eine Oase der Ruhe und das perfekt geschulte Personal verwöhnt nach allen Regeln der Kunst.

Luxus bis ins kleinste Detail: Die Badezimmer des Reid's sind mit Azulejo-Fliesen dekoriert

***** **Porto Santa Maria**, Av. do Mar e das Comunidades Madeirenses 50, Funchal, Tel. 291 20 67 00, www.portostamaria.com. Das moderne, in lichten Farben gehaltene Hotel liegt am Hafen, gleich neben dem Fort São Tiago. Freundlich eingerichtete Studios und Suiten, Pool, Fitnesscenter und ein Spa verwöhnen den Gast.

***** **Royal Savoy Hotel**, Rua Carvalho Araujo, Funchal, Tel. 291 21 30 00, www.savoyresort.com. Modernes luxuriöses Resort mit aller Finesse in spektakulärer Lage direkt am Atlantik.

***** **Albergaria Penha de França**, Rua Penha de França 2, Funchal, Tel. 291 20 46 50, www.penhafrancahotels.com. Ein um eine Quinta gewachsenes kleines Hotel mit schönem Garten und einer aufs Meer blickenden modernen Dependance mit über 70 Zimmern.

***Monte Carlo**, Calçada da Saúde 10, Funchal, Tel. 291 22 61 31, www.montecarlo hotelfunchal.com. Ehrwürdiger Bau hoch über Funchal nahe der Quinta das Cruzes.

****Residencial da Mariazinha**, Rua de Santa Maria 155, Funchal, Tel. 291 22 02 39, www.residencialmariazinha.com. Freundliche Pension im Herzen der Zona Velha. Nicht ganz ruhig gelegen.

Restaurants

Armazém do Sal, Rua da Alfandega 135, Funchal, Tel. 291 24 12 85, www.armazemdosal.com. Elegantes Ambiente, exzellente Madeira-Küche und gutes Preis-/Leistungsverhältnis, vor allem, wenn man das Menü wählt.

Beef & Wines, Avenida do Infante 60 A, Funchal, mobil 963 04 19 93, www.beef andwines.com. Keine Madeirafolklore, sondern moderner Schick. Große Auswahl an Fleischgerichten, gut sortierte Weinkarte und aufmerksames Personal.

Casa Velha, Rua Imperatriz D. Amélia 69, Funchal, Tel. 291 20 56 07, http://casavel harestaurant.com. In einem alten Herrenhaus werden delikate Gerichte serviert, die madeirensische Traditionen mit französischen Einflüssen vermählen.

Combatentes, Rua de S. Francisco 1, Funchal, Tel. 291 22 13 88. In drangvoller Enge servieren die Besitzer deftige Hausmannskost, gelegentlich sogar die selten gewordene Brotsuppe. Fast immer stehen *Sopa de tomate et cebola* und verschiedene Eintöpfe auf der Speisekarte. Einheimische Gäste schätzen vor allem den Mittagstisch.

Doca do Cavacas, Estrada Monumentale, Ponta da Cruz, Tel. 291 76 20 57. Ein Fischrestaurant am Meer wie aus dem Bilderbuch. Alles aus dem Meer, hervorragend zubereitet und zu fairen Preisen.

Golden Gate Grand Café, Av. Arriaga 29, Funchal, Tel. 291 23 43 83. Das 1841 gegründete Jugendstilcafé ist der Treffpunkt nach dem ausgedehnten Shoppingbummel. Hervorragend geeignet, um Leute zu beobachten oder stilvoll in der Zeitung zu blättern.

O Regional, Rua D. Carlos 1, Funchal, Tel. 291 23 29 56. Ein nettes Restaurant in der Zona Velha; absolut empfehlenswert der Thunfisch und der Bica mit Zimt!

Real Canoa, Rua Ponta da Cruz, Funchal, Tel. 291 76 23 96. Das luftig gestaltete Restaurant in der Hotelzone serviert besonders guten Fisch und Meeresfrüchte.

Xôpana, im Hotel Choupana Hills, Travessa do Largo da Choupana, Tel. 291 20 60 20, www.choupana hills.com. Den Köchen gelingt die Verschmelzung traditioneller madeirensischer Küche mit arabischen und asiatischen Rezepten und Ingredienzien aufs vollkommenste. Elegantes Restaurant, spektakuläre Panoramaterrasse.

Abendstimmung in der Altstadt: In die alten Fischerhäuser sind Restaurants eingezogen

Blühende Königinnen – wie ein exotischer Vogel nimmt sich die Strelitzie zwischen Canna und Orchideengewächs aus. Rechts der Blütenstand einer Yucca-Palme

Dort, wo Blumenkönige und Wurstbäume in den azurblauen Himmel wachsen

Die Vegetation, die Madeira ursprünglich bedeckte, bestand in mittleren Lagen zwischen 300 m und 1500 m aus dichtem **Lorbeerwald**, in dessen Unterholz schatten- und feuchtigkeitsliebende Pflanzen wie **Farn**, **Moos** und **Baumbart** gediehen. Bizarre **Drachenbäume** wuchsen in den tieferen Lagen Madeiras und auf der ariden Nachbarinsel Porto Santo, während die Hochlagen über 1700 m in das Reich der Macchia überleiteten, in dem **Baumheide** (*Erica arborea*) und die bis zu 2 m hohe **Madeira**-Heidelbeere (*Vaccinium maderense*) vorherrschen – beide kann man noch heute an den Levadawegen finden. Durch Abholzung (Nutzholz und Ackerlandgewinnung) wurde der ursprüngliche Baumbestand weitgehend vernichtet. Nur noch an wenigen Stellen der Insel, etwa in der Umgebung von **Ribeiro Frio** [s. S. 98], ist Lorbeerwald zu finden.

Nach Jahrhunderten des Raubbaus wurde dann ab dem 19. Jh. mit importierten Baumarten wie **Eukalyptus** und **Kiefer** umfangreich aufgeforstet.

Der große Pflanzenreichtum, den man heute auf Madeira antrifft, ist allerdings nicht ökologisch notwendigen Maßnahmen, sondern der **Gartenleidenschaft** seiner britischen Bewohner zu verdanken. In Palheiro Gardens oder im Botanischen Garten von Monte Palace trugen wohlhabende Händler und Aristokraten Pflanzen aus aller Welt zusammen und schufen damit die Grundlage für die paradiesisch anmutende Blumenpracht der Atlantikinsel.

Madeiras Nationalblume, die **Strelitzie** (*Strelitzia reginae*), hat ihre Heimat eigentlich in Südafrika und wurde Mitte des 19. Jh. eingeführt. Mithilfe dieser Pflanze begründete man etwa 100 Jahre später einen neuen Wirtschaftszweig auf der Insel, der sehr erfolgreich werden sollte: den Handel mit exotischen Schnittblumen. Eine weitere, ebenfalls aus Südafrika stammende Exotin ist die **Königsprotee** (*Protea cynaroides*), deren Blüte im geschlossenen Zustand an eine Artischocke erinnert.

Auch die Heimat der **Calla** (*Zantedeschia aethopica*) ist Südafrika. Die roten oder weißen Blütenblätter des Aronstabgewächses bilden elegante Farbtupfer inmitten von üppigem Grün.

Recht exotisch sind auch verschiedene Baumarten: **Dattelpalmen** aus Nordafrika und von den Kanarischen Inseln wiegen ihre ausladenden Wedel neben den palmenähnlichen **Baumfarnen** mit ihren filigranen Fächerkronen. *Kigelia africana,* auf Madeira nur salopp **Wurstbaum** genannt, lässt seine wie Würste geformten Früchte über den Spaziergängern baumeln, und der **Trompetenbaum** (*Tecoma stans*) setzt sich mit zartgelben, trompetenförmigen Blüten in Szene.

2 Jardim Botânico da Madeira

Ein Meer exotischer und einheimischer Pflanzen hoch über Funchal.

Auf dem vier Hektar großen Areal gedeihen mehr als 2500 tropische und subtropische Gewächse: Der Jardim Botânico da Madeira (Tel. 291211200, www.sra.pt/jarbot, tgl. 9–18 Uhr) liegt nordöstlich von Funchal in ca. 300 m Höhe an einem Hang. Eingerichtet wurde er auf dem Gelände der einstigen *Quinta* der Hoteliersfamilie Reid. Hier ist heute ein **Naturkundliches Museum** ❶ (tgl. 9–18 Uhr) untergebracht, das neben ausgestopften Tieren sowie getrockneten Pflanzen und Samen auch von Madeira stammende Fossilienfunde präsentiert.

Von der Quinta aus folgt man den hübsch angelegten Wegen in die verschiedenen themenbezogenen Areale des Gartens. Gleich zu Beginn kann man die **einheimische Flora** ❷ Madeiras bewundern, die auf der Insel selbst fast ausgerottet ist: Madeiralorbeer (*Laurus indicus*), Baumwacholder, Besenheide und den überaus malerischen Drachenbaum. Am **Bromelien-Treibhaus** ❸ und einigen **Vogelvolieren** ❹ vorbei gelangt man zu einem wahren Meer von **Strelitzien** ❺. Die aus Südafrika eingeführte *Strelitzia reginae* gehört zur Gattung der Bananengewächse und ist heute dank ihrer Haltbarkeit eines der wichtigsten Exportgüter der Insel. Auf dem bis zu 1 m hohen und von lanzettförmigen Blättern umgebenen Stengel sitzen orange-blaue Blüten, die an Schnäbel exotischer Vögel erinnern. Hinter den Strelitzienfeldern lockt eine Aussichtsterrasse mit **Terrassenbar** ❻ zu einer Rast im Grünen mit Blick über Funchal hinaus aufs Meer.

Unterhalb des Cafés folgt ein **Blumengarten** ❼, dessen bunte Blütenköpfchen so kunstvoll gepflanzt und gestutzt wurden, dass sie das portugiesische Wort für Willkommen, *Bem-vindo*, in die Beete schreiben. Darunter widmet sich eine Abteilung den **Nutzpflanzen** ❽ Madeiras: Neben dem früher für die Inselwirtschaft so wichtigen Zuckerrohr sieht man Bananenpflanzen mit ihren weinroten Fruchtständen, Kaffeesträucher, Yams und verschiedene exotische Obstsorten wie Guaven, Papayas, Mangos und Ananas. Bergab schließt ein weiteres Beet mit einheimischen Pflanzen an, das von einem **Palmenhain** ❾ begrenzt wird. Kleine Teiche, die ›Liebesgrotte‹ und ein ›Santana-Haus‹ [s. S. 74] sowie schöne Aus-

Üppiges Grün und mehr als 100 Jahre alter Baumbestand: der Botanische Garten

sichtspunkte mit immer neuen Perspektiven über duftende Blüten und tiefgrüne uralte Bäume bereichern den Botanischen Garten zusätzlich, sodass man hier herrlich promenieren kann. Östlich des Nutzgartens liegt der Eingang zum **Jardim dos Loiros** 10 (tgl. 9–18 Uhr), dem Papageienpark. Die von einem Schweden 1989 gegründete Anlage hat sich der Zucht der plappernden Vögel verschrieben, deren vielstimmiger Chor den ganzen Tag über erschallt.

Zum **Jardim Orquídea** 11 (www.madeira-orchid.com, tgl. 9–18 Uhr) gelangt man über die *Rua Pita da Silva* etwa 200 m bergab. Orchideenfreunde können hier alle nur erdenklichen Arten dieser kostbaren Blütenpflanze studieren. Aufzucht und Pflege sind auch in deutscher Sprache dokumentiert. Der Garten verkauft Setzlinge und blühende Pflanzen auch an Besucher.

TOP TIPP

i Praktische Hinweise

Öffentliche Verkehrsmittel

Bus Nr. 29, 30, 31, ca. alle 15 Min. von Funchal aus. Seilbahn nach Monte (tgl. 9.30–17.30 Uhr, www.telefericojardim botanico.com), dort Anschluss an die Seilbahn nach Funchal.

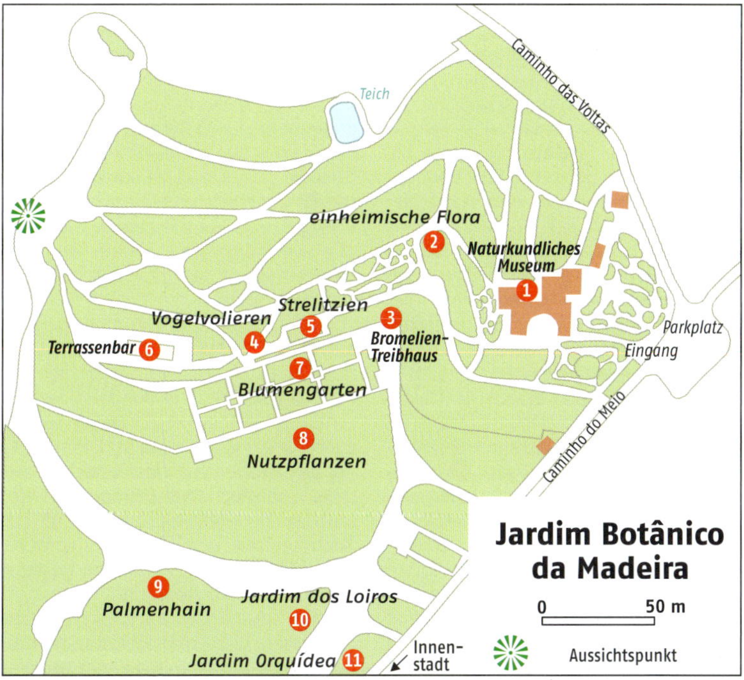

Jardim Botânico da Madeira

0   50 m

Aussichtspunkt

Englische und französische Gartenkunst verleihen Palheiro Gardens das ganz besondere Flair

3 Palheiro Gardens

 Eine subtropische Parkanlage der Superlative.

Eine Ziegelmauer schützt das riesige Anwesen *Quinta do Palheiro Ferreiro,* von den Madeirern auch *Blandy´s Garden* genannt (www.palheirogardens.com, tgl. 9–17.30 Uhr), das die Familie Blandy 1885 gekauft hatte. Ursprünglich gehörte der Besitz dem Grafen von Carvalhal, der das Herrenhaus als Jagdsitz nutzte. Als die Familie Blandy das Anwesen von der zwischenzeitlich verschuldeten Grafenfamilie übernahm, ließ sie ein zweites großes Herrenhaus bauen. Um diese private Villa rankt sich ein wunderbar angelegter, englischer Garten, eine der schönsten und abwechslungsreichsten Grünanlagen der Insel. Die Palheiro-Gärten stehen Besuchern offen, die Gärten um die immer noch bewohnte Quinta sind allerdings gesperrt und das Areal um das Hotel dessen Gästen vorbehalten.

An einem **Kamelienspalier 1** vorbei führt der Spazierweg vom Eingang hinunter in den Park. Wenn die Kamelien im Winter und Frühjahr ihre zartweißen bis tiefroten Blüten öffnen, bilden sie ein dekoratives Empfangskomitee. Rechts öffnet sich das Spalier zu einer Wiese, auf der die **Königsproteas 2** in Rosé und Pink um die Wette blühen.

Anschließend verbreitert sich der Weg, und über dichte Hecken hinweg erblickt man links die **Quinta 3** der Blandys, einen weißen, viel gegliederten Bau, dessen Fenster und Türen mit schwarzem Basaltstein abgesetzt sind. Schlanke Palmen, verführerisch duftende Rosenbüsche und weiß blühender Jasmin hüllen das Haus ein. Nach Süden zu sieht man zwischen Araukarien und Platanen hindurch das Meer heraufblitzen. Schräg gegenüber der Quinta geht's über ein Brücklein in den mit efeuumrankten Statuen geschmückten **Versunkenen Garten 4**, der etwas unter dem Niveau des übrigen Parks liegt. Schattige Bänke laden zum Verweilen zwischen den Blumenbeeten ein, auf denen Salvien und Magnolien blühen.

Weiter westlich gibt es einen scheinbar wilden Parkbereich, der **Inferno 5**, Hölle, heißt. Bis 2012 wucherten hier Mahagoni, Eukalyptus, Rhododendron und Farn um eine Senke, durch die ein kleiner Bach fließt. Bei den Waldbränden 2012 wurden große Teile des Bereiches zerstört. Südöstlich der Quinta liegt der französische **Garten der Dame 6** mit Buchsbaumhecken, die zu geometrischen Formen und Tierfiguren gestutzt sind, und einem hübschen Teehaus, in dem es Snacks gibt. Von diesem Jardim da Senhora blickt man Richtung Westen auf eine schlichte, mit kleinem quadra-

Luxushotel in historischen Gemäuern: die Casa Velha do Palheiro

tischen Turmaufsatz bekrönte barocke **Kapelle** ❼, die Conde de Carvalhal für Familienandachten errichten ließ. Von hier fließt eine mehrmals zu hübschen Teichen aufgestaute Levada nach Süden in Richtung Hotel **Casa Velha do Palheiro** ❽. Die 1997 zur Luxusherberge umgebaute Quinta des Conde de Carvalhal stand fast 90 Jahre leer, bevor sie mit EU-Mitteln wieder hergerichtet wurde. Zur Einweihung des Hotels kam als Ehrengast auch Madeiras Regierungschef Dr. Alberto João Jardim.

ℹ️ Praktische Hinweise

Öffentliche Verkehrsmittel
Bus Nr. 36, 36A, 37, 47 von Funchal aus

Sport
Palheiro Golfe, Sítio do Balancal, São Gonçalo, Funchal, Tel. 29179 0125, www.palheirogolf.com. Ein 18-Loch-Parcours von insgesamt 6 km Länge in herrlicher Hügellandschaft eingebettet mit altem Baumbestand über der weiten Bucht von Funchal gelegen.

Hotel

*****Casa Velha do Palheiro**, Palheiro Golfe, São Gonçalo, Funchal, Tel. 291 79 03 50, www.casa-velha.com. Wunderschönes, geschmackvoll eingerichtetes Landhaus in herrlicher Panoramalage. Der Palheiro-Golfplatz und Palheiro Gardens befinden sich direkt nebenan. Mit hervorragendem Restaurant, beheiztem Pool und luxuriösem Spa.

4 Monte

Eine ehrwürdige Wallfahrtskirche und hochherrschaftliche Villen, umgeben von tropischen Gärten.

In 550 m Höhe über Funchal gelegen, war Monte im 19. Jh. Wohnort der Adeligen und Reichen Madeiras. Sie errichteten Villen in tropischen Gärten, und hier stiegen auch ihre ebenso wohlhabenden und prominenten Besucher ab. Das **Monte Palace Hotel** [s. S. 43] empfing fast jeden, der in Europa Rang und Namen hatte. In Monte verbrachte der 1918 aus Österreich vertriebene, weitgehend mittellos gewordene Kaiser Karl I. die letzten Monate seines Lebens. Nach einem zu kostspieligen Aufenthalt im Reid's zog das Kaiserpaar samt Kindern in die Villa Gordon, die ihnen der Bankier Luís da Rocha Machado kostenlos überlassen hatte. Zwei Monate später starb Karl I. an einer Lungenentzündung und wurde in der Wallfahrtskirche **Nossa Senhora do Monte** (Mo–Sa 9–18, So 9–13 Uhr) beigesetzt. Das Gotteshaus erreicht man von der Bushaltestelle am Largo da Fonte auf einem kurzen Fußweg bergauf. Der im traditionellen Architekturstil mit weißen Mauern und grauschwarzen Basaltumrahmungen errichtete Bau stammt in seiner heutigen Gestalt aus dem Jahr 1897. Zwei niedrige quadratische Türme flankieren die Fassade des Gotteshauses, das sich auf einer Plattform mit herrlichem Blick über die Bucht von Funchal erhebt. An den Seitenwänden der dem Eingang vorgesetzten Arkaden fallen einige schöne blau-weiße Azulejos ins Auge. Das Innere der Kirche ist betont schlicht – nur die in Silber gefasste Marienstatue am Hochaltar und das Grab Karls I. mit seinem geschmiedeten Eisengitter in einer Seitenkapelle links verdienen Beachtung.

Am höchsten Feiertag Madeiras, dem 15. August (Maria Himmelfahrt), ziehen Pilger durch die fahnen- und blumengeschmückten Straßen von Monte und dann über die 74-stufige Treppe zur Kirche hinauf. In der Prozession wird die als wundertätig verehrte Marienstatue mitgeführt. Die unscheinbare Holzskulptur war von einer Schäferin in der Nähe Montes gefunden worden, nachdem ihr die Jungfrau erschienen war. Mehrmals

Wanderung nach Monte

Ausgangspunkt der 2,5-stündigen Wanderung über einen Levada-Weg nach Monte ist die unterhalb von Blandy's Garden gelegene Bushaltestelle **Levada dos Tornos** an der Straße Funchal–Camacha. Parallel zur Levada führt der Wanderweg nach Westen zunächst durch Kiefern- und Eukalyptuswald, dann wieder durch Streusiedlungen. Die Route quert zwei asphaltierte Straßen und passiert ein Wasserreservoir, trennt sich (Hinweisschild ›Levada‹ beachten) für kurze Zeit vom Wasserkanal und quert nach ca. 60 Min. erneut eine Straße. Dahinter geht es in das tief eingeschnittene Tal der **Ribeira de João Gomes**. Zu Füßen des Wanderers liegt jetzt der Botanische Garten von Funchal und am gegenüberliegenden Hang leuchtet ihm die weiße Silhouette der Wallfahrtskirche von Monte entgegen. Unter Eukalyptusbäumen geht die Wanderung bis zur Ortschaft Romero. Einmal noch wird dabei ein Bachbett durchquert, dann verlässt man die Levada am Ortseingang von **Romero** und läuft auf dem bergab führenden Weg durch den Ort und dahinter steil in den Bachgrund der Ribeira de João Gomes hinunter, über den eine alte Steinbrücke führt. Wer möchte, kann hier – im tiefgrünen Schatten – eine kleine Pause einlegen, bevor es wieder bergauf zum **Largo das Barbosas** und weiter zur Wallfahrtskirche **Nossa Senhora do Monte** geht. Am Largo da Fonte in **Monte** laden schließlich Cafés zur wohlverdienten Rast. Die Wanderung ist gut ausgeschildert und leicht zu begehen, nur im letzten Teilstück erfordert sie etwas Kondition, weil es steil bergauf und wieder bergab geht.

Die Ruhe vor der Fahrt: Mit dem Korbschlitten geht's rasant von Monte bergab nach Funchal

stellte Nossa Senhora do Monte ihre Kraft unter Beweis: So soll sie 1803 die Stadt Funchal vor einer drohenden Überschwemmung gerettet haben.

Am hübschen **Largo da Fonte** steht die kleine **Capelinha do Monte**, ein der Jungfrau Maria geweihter Marmorpavillon, in dem eine Quelle gefasst ist. Um die Capelinha herum bauen Souvenirhändler ihre bunten Stände auf und verkaufen Wollmützen und -pullover, Schnitzarbeiten und Madeira-Stickereien. Auf einer Brücke überquert man die Trasse der alten Zahnradbahn *Caminho de Ferro do Monte,* die Besucher zwischen 1894 und 1939 von Funchal nach Monte beförderte.

Dann spaziert man ein Stück die Straße bergan zur Abfahrtsstelle der *Carros de cesto.* Diese außergewöhnliche **Korbschlittenfahrt** (Infos unter Tel. 291 78 39 19, Mo–Sa 9–18, So 9–13 Uhr) geht ohne Schnee und zwischen den Autos vonstatten und ist weltweit wohl einzigartig. In Mode kamen die Kufengefährte im 19. Jh. Damals ließen sich die in Monte ansässigen Kaufleute in den Schlitten zu ihren Kontoren unten in Funchal befördern. Schon bald benutzten sie auch Touristen, und heute gehört die Korbschlittenfahrt von Monte zu den lustigsten Freizeitvergnügungen für Madeira-Besucher. Die Schlittenlenker, die die traditionelle weiße Kleidung und buntbebänderte Strohhüte tragen, laufen die gesamte knapp 2 km lange Strecke neben dem Gefährt her.

Nur wenige Meter vom Startplatz der Korbschlitten entfernt liegt der Eingang zum **Monte Palace Tropical Garden** (www.montepalace. com, tgl. 9–18 Uhr). Auf dem einstigen Anwesen des Monte Palace Hotel hat der wohlhabende Unternehmer José Bernardo einen wunderschönen tropischen Park anlegen lassen. Der alte Baum- und Pflanzenbestand wurde durch neue importierte Arten ergänzt, Teiche und thematische Gärten entstanden. Viele schöne Wege führen durch den tropischen Garten. Besonders sehenswert sind die im Nordteil neben dem Fischteich ausgestellten modernen Azulejos, auf denen die Abenteuer der ›Portugiesen in Japan‹ erzählt werden, und auch die Sammlung von Azulejos des 15.–20. Jh. entlang des Spazierwegs oberhalb des Sees in Richtung Orientalischer Garten. Architektonisch interessant ist der Bogengang am südlichen Ende des Gartens mit manuelinischen Fensterstocken, die aus Portugal stammen. Nicht weit davon stößt man auf einen großen Teich mit japanischen Koi-Karpfen und auf einen Orchideengarten. Das ehemalige Monte Palace Hotel im Zentrum der Anlage dient heute als **Museum** (tgl. 10–16.30 Uhr) und zeigt

Hoch über Funchal liegt der Orientalische Garten, Teil des Jardim Tropical Monte Palace

afrikanische Skulpturen und eine Mineraliensammlung. Hinter dem Hotel kann man sich am Anblick der Palmfarne (*Cycaden*) erfreuen, durch deren filigrane Wedel die Sonne immer neue Lichtmuster auf den Boden zaubert. Nordöstlich im Orientalischen Garten sind die Pflanzenwelt und einige Architekturbeispiele des Fernen Ostens versammelt. Zwischen all der tropischen Pracht wirkt der Garten mit der einheimischen Flora Madeiras, u.a. Laurazeen [s. S. 102], fast unscheinbar. Er begrenzt den Park im Osten. Die Quinta do Monte, in der Karl I. verstarb, heißt heute **Quinta Jardins do Imperador** (Mo–Sa 9.30–17.30 Uhr) und ist von einem 45 ha großen Park umgeben. Ein Café lädt zur Rast, vom Aussichtsturm blickt man über die Bucht von Funchal.

ℹ️ Praktische Hinweise

Öffentliche Verkehrsmittel
Bus Nr. 20, 21, 22, 48 ca. alle 15 Min. von Funchal aus, Seilbahn [s. S. 34]

Hotel
*******Quinta do Monte**, Caminho do Monte 192, Monte, Tel. 29178 01 00, www. quintadomontemadeira.com. Die in einer üppig blühenden, rund 17 000 m² großen Gartenanlage gelegene luxuriöse Quinta – ein ehemaliges Herrenhaus – befindet sich nur wenige Minuten von der modernen Seilbahnstation entfernt. Nach Monte sind es rund 7 km.

5 Camacha

Die meist wolkenverhangene Heimat der meisterhaften Korbflechter.

9 km sind es von Funchal bis ins 800 m hoch gelegene Camacha. Felder voller Apfelbäume und feuchte Täler umgeben den Ort, der am Nachmittag oft in Wolken gehüllt ist. Mitte des 19. Jh. wurde Camacha dank des kühlen Klimas Sommerfrische wohlhabender Engländer. Auf Initiative der Familie Hunton wurde damals in Camacha die **Korbflechterei** etabliert. Man produzierte z.B. Korbmöbel für Funchals Quintas und Hotels und schließlich sogar auch für den Export nach Europa. Noch heute werden Möbel und Körbe überwiegend in Heimarbeit hergestellt. Gut ein Drittel der Bevölkerung lebt von diesem Handwerk, meist ist die ganze Familie daran beteiligt.

Ziel der meisten Besucher ist der Shoppingkomplex Relógio auf dem großzügigen Hauptplatz *Largo de Achada*. Mit seinem Uhrturm, den der Brite Michael

Grabham 1896 nach dem Vorbild des Londoner Big Ben errichten ließ, überragt das mehrstöckige Gebäude die Häuser Camachas. Es präsentiert mit dem namengebenden Geschäft **Relógio** (tgl. 9–21 Uhr) die größte Verkaufsausstellung und Exportfirma von Korbwaren auf der Insel. Preiswerter als die Konkurrenz ist Relógio nicht unbedingt immer, doch es bietet mit rund 800 verschiedenen Exponaten – von winzigen Blumentöpfen bis zu kompletten Sesselgarnituren – sicherlich die umfassendste Auswahl. Im hinteren Teil kann man über eine Treppe zu den *Werkstätten* der Korbmacher hinuntersteigen und ihnen bei ihrer teilweise traditionellen Arbeit zusehen.

Der Komplex verfügt außerdem über ein Café-Restaurant mit Snacks und Getränken, und wer in Camacha übernachten möchte, der findet im integrierten Hotel Estalagem Relógio sicherlich ein freies Zimmer.

Im Ortsbild sieht man noch manch hübsches Herrenhaus hinter hohen schmiedeeisernen Gittern in verwilderten Gärten. Und als weitere Besonderheit Camachas sei erwähnt, dass hier noch viele Männer die traditionelle Wollmütze der Insel, die *Barrete de lã,* tragen.

ℹ️ Praktische Hinweise

Öffentliche Verkehrsmittel

Bus Nr. 29, 77 ca. alle 60 Min. von Funchal aus

Hotel

**** Estalagem Relógio, Achada, Camacha, Tel. 291 92 27 77, www.cafe relogio.com. Dieses Mittelklassehotel bietet freundliche und zweckmäßig eingerichtete Zimmer.

6 Caniço

Von der Kirche der zwei Heiligen zum Taucherparadies am Felsenstrand.

Von der Autobahn in Richtung Flughafen zweigt kurz hinter Funchal eine Straße nach Caniço ab und windet sich in Kehren in Richtung Meer. Der Ort liegt in etwa 230 m Höhe über der See und ist 9 km von Funchal entfernt.

Eine imposante barocke Kirche aus dem Jahr 1783 beherrscht das Stadtzentrum. Der im Inneren schlichte Sakralbau ist quasi Symbol für die einstige Zweiteilung Madeiras. An der Ribeira do Caniço stießen die von João Gonçalves Zarco und Tristão Vaz Teixeira verwalteten Legatsgebiete Funchal und Machico aneinander. So kam es zur Gründung zweier benachbarter Gemeinden, eine jede mit eigener Kirche und eigenem Schutzpatron: dem hl. Paraklit und dem hl. Antonius. Mitte des 15. Jh. wurden die beiden Orte zusammengefasst, und nachdem die Kirchen 1783 durch Erdbeben zerstört worden waren, wurde der Bau eines einzigen, beiden Patronen geweihten Got-

Ein Handwerk mit Tradition – der Korbflechter kreiert ein formschönes Produkt

In luftiger Höhe: Eine Seilbahn schwebt bei Caniço die steile Küste empor

teshauses beschlossen. Auf dem hübschen Platz *Sítio da Vargem* vor der Kirche ist madeirensisches Flair lebendig. Bänke laden zur Rast unter Bäumen, ein Springbrunnen sprudelt fröhlich vor sich hin und die Rentner des Ortes treffen sich zum Plausch. Wenige Schritte vom Zentrum entfernt in Richtung Caniço de Baixo liegt hinter hohen Mauern versteckt ein wahres Paradies: die **Quinta Splendida**. Haupthaus, Bungalows und Pool des Hotels werden von lila blühenden Bougainvilleen und duftenden Rosen umschmeichelt.

Folgt man der Straße weiter bergab in Richtung Meer, findet man sich plötzlich in einer vom Fremdenverkehr geprägten Zone wieder. Hotels, Ferienhäuser, Fast-Food-Restaurants und Supermärkte markieren die Außenbezirke des Badeortes **Caniço de Baixo** und des westlich davon liegenden Garajau.

Das sich am Meer entlangziehende Zentrum von Caniço de Baixo mit seinen weißen Ferienhäusern und kleinen Hotels in gepflegten Gärten wirkt dagegen adrett und einladend. Die beiden attraktiven Badeanlagen des Ortes, *Lido Rocamar* und *Lido Galomar,* beide verfügen über Meerwasserschwimmbecken, gehören zu den gleichnamigen Hotels, können gegen Gebühr aber auch von Nicht-Hotelgästen besucht werden. Außerdem gibt es, z. B. unweit der Villa Ventura, einige winzige Kiesbuchten, von denen aus man bei ruhiger See hinausschwimmen kann. Der etwas größere Kiesstrand **Reis Magos** befindet sich östlich von Caniço de Baixo.

Die etwa 6 km lange Küste zwischen **Ponta do Lazareto** östlich von Funchal und **Ponta da Oliveira** bei Caniço ist seit rund drei Jahrzehnten ein Unterwasserschutzgebiet, in dem der Fischfang verboten ist. Seither hat sich die Tierwelt in

Unter dem Meer: Die Tauchreviere bei Caniço sind für ihren Artenreichtum bekannt

diesem Gebiet erstaunlich gut erholt, und wer zu einem Tauchgang aufbricht, kann damit rechnen, kapitale Zackenbarsche und vielleicht sogar (im Spätsommer) Mantas zu sehen.

Abgesehen von der Quinta Splendida ist das Hotel **Inn & Art** (unter deutscher Leitung) besonders erwähnenswert: Der Maler Armin Sprotte, der Sohn des 1913 in Potsdam geborenen Künstlers Siegward Sprotte, dessen expressionistische Aquarelle u.a. auf Madeira und Sylt entstanden sind, hat mit dem Inn & Art eines der geschmackvollsten Hotels Madeiras kreiert. Kunst von Vater und Sohn schmückt die Wände, die Zimmer sind modern und besitzen alle einen individuellen Touch.

ℹ️ Praktische Hinweise

Öffentliche Verkehrsmittel

Bus Nr. 2 von Funchal nach Caniço oder Nr. 136 an der Küste entlang über Garajau nach Caniço de Baixo

Mietwagen

Magoscar Lda., Tel. 291 93 48 18, Caniço de Baixo, www.magoscar.com.

Hervorragend gewartete Mietwagen und Motorräder, deutschsprachige Leitung und Service.

Tauchen

Atalaia Diving, Hotel Roca Mar, Caniço de Baixo, Tel. 291 93 43 30, www. atalaia-madeira.com. Auskunft und Buchung von Kursen (deutsche Leitung).

Manta Diving Center, Hotel Galomar, Caniço de Baixo, Tel. 291 93 55 88, www. mantadiving.com. Kompetent geführte Tauchexkursionen und Kurse im UW-Nationalpark.

Outdoor

Lokoloko Madeira, Hotel Galomar, Tel. 291 93 91 91. Die Agentur ist auf verschiedenste Sportarten spezialisiert, z.B. Touren mit dem Seekajak, Canoying-Exkursionen, Paragliding, Delfin-Schwimmen oder Motorrad-Off-Road-Fahrten.

Hotels

******Alpino Atlantico**, Rua D. Francisco Santana, Caniço, Tel. 291 93 09 30, www.galoresort.com.

Zum Quinta Splendida gehört ein stilvolles Spa – hier die Rezeption – und ein Traumgarten

Ein ideales Haus für Aktive, die Wert auf Komfort legen. Das Sport- und Wellness-angebot ist umfangreich, die Anlage großzügig und schön auf einem Felsen über dem Meer gelegen, eine Tauchschule ist in unmittelbarer Nähe.

****Quinta Splendida**, Estrada da Quinta da Oliveira 11, Caniço, Tel. 291 93 04 00, www.quintasplendida.com. Bungalow-anlage um eine Quinta, großer Pool in einem von exotischen Blüten überbordenden Garten.

***Galomar**, Caniço de Baixo, Tel. 291 93 09 30, www.galoresort.com. Modernes Hotel unter deutscher Leitung mit Badeanlage. Die Tauchschule Manta Diving Center (s.o.) befindet sich auf dem Hotelgelände.

***Inn & Art**, Rua Robert Baden Powell 61/62, Caniço de Baixo, Tel. 291 93 82 00. Das Hotel ist klein, aber fein. Treppen führen zu einer Bucht hinunter. Es gibt Ferienwohnungen und Villen zu mieten.

***Roca Mar**, Caminho Cais da Oliveira, Caniço de Baixo, Tel. 291 93 43 34, www.hotelrocamar.com. Hoch über der Fels-küste spektakulär gelegenes Haus mit eigener Badeanlage.

***Villa Ventura**, Caniço de Baixo, Tel. 291 93 46 11, www.villa-ventura.com. Apartments mit Kochgelegenheit in einem hübschen, sehr familiär geführten Haus unter deutschsprachiger Leitung.

Restaurants

A Lareira, Estrada da Ponta Oliveira 2, Caniço, Tel. 291 93 44 94. Beliebt bei den Einheimischen Madeiras wegen seiner deftigen Hausmannskost- Küche – *Espetada* mit viel Knoblauch, *Caldo verde*, *Espada* mit Banane – und der immer freundlichen Bedienung.

Inn & Art, Rua Robert Baden Powell 61/62, Caniço de Baixo, Tel. 291 93 82 00. Sehr gute madeirensische und internationale Küche. Einmal pro Woche gibt es Dinner mit Livemusik – mal Jazz, mal Klassik, mal eine Folkloregruppe.

Klenk's Café, Caniço de Baixo, Tel. 291 93 43 16, www.madeira-caferustico. com. Die madeirensischen Standardgerichte wie Tomatensuppe mit Zwiebeln oder *Espetada* sind deftig gewürzt und werden auf der Panoramaterrasse serviert. Die deutschen Besitzer vermieten auch Zimmer.

La Perla, Hotel Quinta Splendida (s.o.). Das Restaurant der Quinta genießt einen guten Ruf. Allerdings empfiehlt es sich zu reservieren, denn häufig ist das Lokal wegen Familien- oder Firmenfeiern für Gäste geschlossen.

A Traineira, Rua Dom Francisco Santana, Canico, Tel. 291 93 51 70. Sehr gutes Fischrestaurant, das auch Einheimische wegen der fairen Preise gerne besuchen.

7 Câmara de Lobos

Bunte Fischerboote liegen malerisch auf dunklem Felsenstrand.

Durch tiefgrüne Bananenpflanzungen führt die Autobahn von Funchal 15 km nach Westen zum Fischerdorf Câmara de Lobos. Die Bucht am Felskap *Cabo Girão* bot bereits den ersten Portugiesen auf Madeira Schutz vor den Launen der See. Als 1420 Zarco hier eine erste Kapelle er-richten ließ, lebten in den Gewässern dieser Region noch Mönchsrobben.

Câmara de Lobos gliedert sich in zwei Ortsteile westlich und östlich einer Felszunge. Von der Autobahn kommend, wendet man sich im Zentrum zunächst nach rechts bis zum Hauptplatz mit der Pfarrkirche **São Sebastião.** Das strahlend weiße Gotteshaus stammt aus dem 16. Jh. und wurde in der Folgezeit mehrmals umgebaut. Ganz typisch für Madeira zeigt sich der Kirchturm mit seinem hohen, kachelverkleideten Spitzdach. Im barocken Inneren sieht man einen kunstvoll geschnitzten und vergoldeten Hauptaltar sowie an den Wänden schöne Azulejo-Bilder. Hübsch anzusehen ist der **Largo República**.

Zum Hafen geht man vom Zentrum aus nach links durch eine enge Gasse, die an teils sehr schlecht erhaltenen, teils inzwischen renovierten niedrigen Fischerhäusern vorbei bergab führt. Linker Hand steht die kleine Kapelle **Nossa Senhora da Conceição**, deren Gründung auf Zarco zurückgeht. Im 18. und zum Anfang des 20. Jh. wurde das Gotteshaus gründlich renoviert. Eine Statue der Jungfrau Maria, hier als Schutzheilige der Fischer verehrt, ziert den aufs Reichste mit

Eine laue Sommernacht am Meer: Blick auf das Fischerdorf Camara de Lobos

Der Altar der Kapelle Nossa Senhora da Conceição in Câmara de Lobos

Schnörkeln, gedrechselten Säulen und viel Gold geschmückten Hauptaltar.

Hauptattraktion von Câmara de Lobos ist der **Hafen**. Auf dem dunklen Sand liegen malerisch die bunten Holzboote, und immer sitzen einige Männer auf ihnen zusammen, um einen Schwatz zu halten oder Karten zu spielen. Die Fischer arbeiten fast alle nachts, denn nur dann steigt der *Espada preta*, der Degenfisch, aus seinem Lebensraum in über 800 m

Geruchsintensiv – Streifen vom Katzenhai hängen zum Trocknen in der Sonne

Meerestiefe nach oben, um Nahrung zu suchen, und kann gefangen werden. Im Sommer zieht intensiver Fischgeruch über den Hafen: Dann werden auf Holzgestellen Katzenhaie in der Sonne getrocknet. Nach etwa sechs Wochen wird der gedörrte *Gata* in den Restaurants als Spezialität serviert.

In der kleinen **Werft** neben dem Hafen werden noch heute Holzkutter auf traditionelle Weise gebaut: Kaum ein Metallstück kommt hier zum Einsatz. Zwei, drei Männer sägen Kiel und Spanten zurecht, verschalen das Gerüst, hämmern an den Aufbauten. Es kann bis zu zwei Jahre dauern, bis das Schiff zum Auslaufen bereit ist. Hier wurde übrigens auch die Rekonstruktion des Kolumbusschiffes Santa Maria für die EXPO 1998 in Lissabon gefertigt, worauf die Leute von Câmara sehr stolz sind.

An der Ostseite der Bucht führt ein Weg hinauf zu einem der berühmtesten Plätze Madeiras: Eine Gedenktafel an einem Restaurant- und Wohnhaus erinnert daran, dass hier Sir Winston Churchill zu sitzen und zu malen pflegte. Der britische Staatsmann hielt sich im Januar 1950 auf Madeira auf und wohnte im Reid's. Nach Câmara kam er zum Malen und wurde dabei von dem Fotografen Perestrello abgelichtet.

i Praktische Hinweise

Öffentliche Verkehrsmittel
Bus Nr. 4, 6, 7 etc. von Funchal aus

Einkaufen
Henriques & Henriques, Sítio de Belem, Tel. 291 94 15 51, www.henriquesehen riques.pt. Dieser moderne Weinkeller besitzt zwar nicht den altehrwürdigen Charme der Konkurrenzfirma der Familie Blandy [s. S.27], lohnt aber wegen der guten Tropfen durchaus einen Besuch zur Verkostung. Von Funchal aus kann man einen Ausflug dorthin sogar in einem offenen roten Doppeldeckerbus buchen.

Restaurants
Praia do Vigàrio, Praça da Autonomia, Câmara de Lobos, Tel. 291 94 21 10. Am Strand speist man mit fantastischer Aussicht auf das Cabo Girão und das Meer regionale Gerichte in guter Qualität; freundliches und hilfsbereites Personal.

Churrascaria O Lagar, Estr. João G. Zarco 486, Câmara de Lobos, Tel. 291 94 18 65, www.olagar.com.pt. Das Restaurant hoch über dem Ort, das von Einheimischen frequentiert wird, ist spezialisiert auf Fleisch und Fisch vom Grill. *Espetada* und *Espada preta* sind fast immer auf der Karte zu finden, außerdem Steakgerichte.

Espada Preta, Complexo B Salinas, Câmara de Lobos,, Tel. 291 94 22 40, www. restauranteespadapreta.ondebiz.com. Postmoderne Architektur, minimalistische Einrichtung und eine der besten Fischküchen der Südküste. Vor allem Schwarzer Degenfisch wird hier wirklich erstklassig zubereitet. Zum kulinarischen Genuss gesellt sich eine fantastische Aussicht über das Meer hinzu.

8 Estreito de Câmara de Lobos

Sonntags findet hier einer der lebhaftesten Märkte Madeiras statt.

Die Schwestersiedlung von Câmara de Lobos liegt zwischen Terrassenfeldern, auf denen Bananen und Weinreben wachsen, in 350–500 m Höhe über dem Meer. Estreitos Attraktion ist der lebhafte **Markt,** der sonntags in der schmalen Straße, die vom Hauptplatz bergan führt, abgehalten wird. Hier haben Obst- und Gemüseverkäufer ihre Stände aufgebaut, und im kühlen Schatten der Markthalle

Zur höchsten Steilklippe Europas: Cabo Girão

Von Estreito auf der Hauptstraße nach Westen zweigt in Richtung von Ribeira Brava nach etwa 4 km eine Stichstraße zum Aussichtspunkt auf dem **TOP TIPP** **Cabo Girão** ab. 580 m hoch ragt die steile Klippe aus dem Meer, sie gilt als die höchste Europas. Von der mit einem Geländer gesicherten Plattform blickt man hinunter in die schwindelerregende Tiefe und auf einen handtuchbreiten Kiesstrand, zu dem vom nahen Rancho auch eine Seilbahn hinunterführt (Di–Sa 8–19, So 9–19, Mo 8–9 und 17–20 Uhr). Sogar hier, an dem fast lotrechten Hang, haben die Bauern winzige Terrassenfelder angelegt, auf denen sie Bananen und etwas Gemüse ziehen und zu denen sie sich mit Seilen herunterlassen. Der Aussichtspunkt mit seinem Skywalk – eine aus durchsichtigem Material gebaute Plattform – erhöht die gefühlten Höhenmeter beträchtlich. Man scheint in der Luft zu stehen und blickt zwischen seinen Beinen hinunter auf die Felder. Wer nicht zu Fuß zurück gehen mag: Am Cabo Girão stehen meistens Taxis, um die Wanderer zum Ausgangsort zurück zu bringen. Wandert man vom Cabo in 15 Minuten nach **Cruz da Caldeira** an der ER 229, kann man dort auch den Bus nach Funchal nehmen. Ebenfalls spektakulär ist der gläserne Panoramalift (tgl. 11–19, Winter 11–18 Uhr), mit dem 250 m hinab geht zum 2 km entfernten Privatstrand **Fajã dos Padres**. Das gleichnamige Restaurant dort liegt idyllisch zwischen Palmen und einem Bootsanleger (tgl. 11–18, Winter 11–17 Uhr, www.fajadospadres.com).

Schwindelerregender Blick von Europas höchster Klippe hinab aufs Meer: Cabo Girão

Landwirtschaft extrem: Am Cabo Girão wird auf steilen Terrassen Gemüse angebaut

zur Linken türmen sich noch mehr Früchte. Eine eigene Abteilung ist den Fischverkäufern vorbehalten. Mit martialischen Messern zerteilen sie Thun- oder Degenfisch. Der sonst eher verschlafen wirkende Ort verwandelt sich an diesem Tag in ein liebenswertes Chaos, durch das die Einheimischen im besten Sonntagsstaat promenieren.

Berühmt ist Estreito auch für die hervorragende **Canina-Traube**, die an seinen Hängen gedeiht und beim Keltern des Madeiraweins verwendet wird. Im September wird hier der Beginn der Traubenlese enthusiastisch gefeiert, Folkloregruppen aus allen Teilen Madeiras treten auf, in den Straßen wird der schmackhafte Rindfleischspieß *Espetada* gegrillt und selbstverständlich wird immer ordentlich dem Alkohol zugesprochen. Von der Qualität des Weins und der Espetada können sich Gäste jederzeit übezeugen – und zwar in den berühmten Restaurants von Estreito.

ℹ Praktische Hinweise

Öffentliche Verkehrsmittel
Bus Nr. 4, 6, 7 etc. von Funchal aus. Cabo Girão: Bus Nr. 154 ebenfalls von Funchal

Hotels
******Quinta do Estreito**, Rua José Joaquim de Costa, Estreito de Câmara de Lobos, Tel. 291 91 05 30, www.quinta doestreitomadeira.com. Die moderne Quinta hat einen üppigen Garten mit herrlichem Panoramablick. Das Restaurant offeriert eine anspruchsvolle Madeiraküche.

Von der Rebe ins Glas: Die Canina-Traube wird für den Madeirawein verwendet

Restaurants
As Vides, Igreja, Estreito de Câmara de Lobos, Tel. 291 94 53 22. Das Lokal rühmt sich, das älteste *Espetada*-Restaurant Madeiras zu sein.

Santo António, Estrada Joao Goncalves Zarco, Estreito de Câmara de Lobos, Tel. 291 91 03 60. Das unterhalb des Hauptplatzes gelegene Restaurant ist bei Einheimischen äußerst beliebt.

9 Curral das Freiras

Ein Abstecher zum einstigen Zufluchtsort der Nonnen.

Folgt man dem Weg von Funchal zum Pico dos Barcelos, geht es in steilen Kehren und Kurven bergauf in Richtung Eira do Serrado und Curral das Freiras. Hinter dem Pico dos Barcelos wird die Besiedlung spärlicher, am Straßenrand wuchern blaue und weiße Hortensien, und schon bald findet man sich in einem aromatisch duftenden Eukalyptuswald wieder.

Unterwegs passiert man das sehr einfache, aber empfehlenswerte Restaurant **Parada dos Eucaliptos** (Tel. 291 77 68 88); hier werden *Espetadas* noch auf Lorbeerholz gegrillt.

Schließlich gelangt man an den 2,4 km langen Tunnel nach Curral das Freiras. Kurz vorher zweigt die Stichstraße nach Eiro do Serrado ab. Auf dieser engen Straße geht es über zahlreiche Kurven hoch auf 1050 m, wo ein Gasthaus und Verkaufsstände warten. Vom Parkplatz spaziert man um einen Bergsporn und steht in wirklich grandioser Aussichtsposition über dem tief unten liegenden Curral das Freiras. Wer gerne wandert, kann von Eira do Serrado auf einem alten Saumpfad in ca. 1–1,5 Std. durch angenehm schattig-kühle Kastanien- und Eukalyptuswälder ins Tal absteigen.

Nach dem Pass ist die alte Straße hinunter ins Nonnental gesperrt. Man muss zurückfahren, den Tunnel passieren und kommt dann in **Curral das Freiras** auf 500 m Meereshöhe an. Die Siedlung zwischen hohen Steilwänden mit dem eigenwilligen Namen ›Stall der Nonnen‹ diente den Ordensschwestern des Convento Santa Clara in Funchal Mitte des 16. Jh. in den Zeiten der häufigen Piratenüberfälle als Zufluchtsort. Das Land im Talkessel, der bis 1959 nur über schmale Fußwege erreichbar war, hatte der Sohn Zarcos, João Gonçalves da Câmara, Ende des 15. Jh. den Nonnen geschenkt. Durch Grundbesitz zu Reichtum gekommen, zählte der Orden schon bald zu den mächtigsten der Insel und engagierte sich besonders im Weinhandel. Der Rückzug der Nonnen in den ›Curral‹ markierte den Beginn einer ständigen Besiedlung des Tals. Eine erste Kapelle wurde im 19. Jh. durch die Kirche **Nossa Senhora do Livramento** ersetzt, die im Inneren mit blau-weißen Azulejos und illusionistischen Deckengemälden geschmückt ist. Um das Gotteshaus herum gruppieren sich zahlreiche Cafés und Souvenirläden. Die Siedlung ist eines der beliebtesten Ausflugsziele auf der ganzen Insel – zum einen wegen ihrer spektakulären Lage, zum anderen auch wegen der aus Esskastanien hergestellten Köstlichkeiten.

ℹ Praktische Hinweise

Öffentliche Verkehrsmittel

Bus Nr. 81 von Funchal aus

Restaurants

Sabores do Curral, Caminho Padaria 2, Curral das Freiras, Tel. 291 71 25 48. Modernes Restaurant, in dem sich alles um die Kastanie dreht. Spezialität ist Kabeljau mit Kastanie, außerdem gibt es Marmelade, Kuchen und Likör aus der Nuss des Kastanienbaums. Darüber hinaus locken eine reichhaltige Cocktailkarte sowie ein schöner Blick von der Terrasse.

Nach Westen – weiße Dörfer zwischen Bananenstauden und Weinreben

Steil steigen die Berge entlang Madeiras Westküste aus dem Meer empor. An den Flussmündungen durchbrechen kleine Buchten den Felsriegel und setzen sich in tiefen Schluchten landeinwärts fort. Die wenigen Kilometer Luftlinie zwischen den Orten **Ribeira Brava**, **Ponta do Sol** und **Calheta** erfordern ein Vielfaches an tatsächlicher Fahrtstrecke, weil die Küstenmagistrale in stetem Auf und Ab zwischen Meeresniveau und bis über 500 m Höhe die Schründe der Ribeiras umgeht. Trotz der gebirgigen Oberflächengestalt sind Buchten und Hänge dicht besiedelt und werden intensiv landwirtschaftlich genutzt. Rote Ziegeldächer und pyramidenförmige Kirchtürme stechen aus dem tiefen Grün der terrassierten Felder heraus, auf denen süße Madeirabananen oder auch Trauben heranreifen. Unübersehbar sind die Spuren des **Zuckerrohranbaus**: Alte, inzwischen meist stillgelegte Zuckerrohrfabriken sieht man in fast jeder Siedlung entlang der Route. Schmale Gebirgsstraßen führen von der Küste hinauf ins Reich der Zackengipfel und der Hochmoore.

10 Ribeira Brava

Ein besinnliches Plätzchen an der Mündung des ›Wilden Flusses‹.

Von Funchal gelangt man über die Autobahn auf schnellstem und bequemstem Weg in das 15 km entfernte Ribeira Brava. Vom Autobahnende sind es 2 km durch das tief eingeschnittene, schmale Tal der gleichnamigen Ribeira hinunter in den Ort. Ribeira Brava (6600 Einw.) zieht sich vom Meer entlang dem schmalen Flusstal ins Inselinnere. Der Küstenort liegt an der Mündung eines breiten, bei Regen wild (brava) fließenden Flusses (ribeira).

Die Bergrücken beiderseits der Ribeira sind zu winzigen Feldern terrassiert, auf denen Obstbäume stehen und Bananenstauden gezogen werden. So geben sie eine prächtige Kulisse für den schmucken Ort ab, dessen Südende parallel zum flachen Kiesstrand von der attraktiv gestalteten Uferpromenade, der *Avenida Luis Mendes,* begrenzt wird. Hier gibt es (gebührenpflichtige) Parkplätze und eine Reihe von Straßencafés lädt ein zur Rast,

Taxis und Linienbusse warten auf Fahrgäste für einen Ausflug ins Inselinnere.

Den lebhaften Mittelpunkt des Ortes bildet der mit modernen Azulejos geschmückte, überdachte **Mercado**, in dem sich in den Vormittagsstunden Händler und Kunden drängen. Auf den Kachelbildern sieht man landestypische Marktszenen mit Fischverkäufern, Obsthändlern oder Bauern. Die Touristeninformation residiert sehr malerisch im **Forte São Bento**, einem alten Wachtturm, den man besteigen kann. Ein weiterer, in seinen Dimensionen beeindruckenderer **Festungsbau**, heute Ruine, erhebt sich im Osten der Uferpromenade an einem Felssporn über dem winzigen Bootshafen von Ribeira. Man erreicht ihn durch einen in den Fels geschlagenen Tunnel. Im 17./18. Jh. sorgten der Wachtturm und die Festung dafür, dass die Piraten kein allzu leichtes Spiel hatten.

Ribeira Brava war schon immer ein bedeutender Verkehrsknotenpunkt. Von hier aus gingen einst die Saumpfade über den Encumeada-Pass an die Nordküste. Heute kürzt ein Tunnel die serpentinenreiche Straße hinauf in die Gebirgswelt und dann wieder hinunter nach São Vicente bequem ab [s. S. 70].

Dass diese Siedlung bedeutend und durch den Zuckerrohranbau offensichtlich auch recht wohlhabend war, belegt nicht zuletzt der großzügig konzipierte und mit hübschem Flusskieselmuster belegte Kirchplatz, auf dem sich **São Bento** erhebt. Das Gotteshaus, das im 16. Jh. erbaut wurde, zeigt sich im klassisch-madeirensischen Sakralstil mit weißer Fassade und grauschwarzen Basalteinfassungen an Fenstern und Türen. Sein *Kirchturm* ist mit einer von Kacheln geschmückten Spitze und mit blau-weißem Schachbrettmuster bekrönt. Im Inneren kann man sich am Anblick der schönen alten Azulejo-Verkleidungen an den Wänden und der barocken Altäre erfreuen. Als besonders wertvoll gelten das manuelinische Taufbecken vom Beginn des 16. Jh. und die aus derselben Zeit stammende Kanzel – beide sind Geschenke König Manuels I. an Ribeira.

Zeugnisse der intensiven Handelsbeziehungen zwischen Madeira und Antwerpen [s. S. 12] sind die Werke flämischer Meister an den Wänden, darunter die ›Anbetung des Christuskindes‹ und die

Die Fischer sind zurück an Land: Abendstimmung an der Küste von Ribeira Brava

São Bente im Festkleid: Das Gotteshaus ist eines der ältesten der Insel

Marienstatue ›Virgem do Rósario‹. Ein weiteres flämisches Meisterwerk, das ›Triptico da Ribeira Brava‹ von Rogier van der Weyden, ist heute im Museu de Arte Sacra von Funchal [s. S.23] zu besichtigen.

Links vom Altar führt eine Seitentür zur Schatzkammer. Hinter schmiedeeisernen Gittern werden Messgeschirr, Heiligenstatuen und aufwändig bestickte Talare aufbewahrt.

Zwischen Kirche und Uferpromende lässt es sich schön durch die ruhigen Gassen bummeln. Einstöckige weiße Häuser mit schmiedeeisernen Balkonen säumen die Straßen, Geranien grüßen mit strahlender Farbenpracht von den Fenstersimsen. Souvenirgeschäfte, Reisebüros und Restaurants zeugen von der zunehmenden touristischen Attraktivität Ribeira Bravas. Hinter Kirche und Pfarrhaus verläuft die *Rua Visconde da Ribeira Brava*. Es sind nur wenige Schritte in nördlicher Richtung, bis man auf dieser Straße den fast tropisch anmutenden Garten der **Câmara Municipal** (Rathaus) erreicht, den Baumfarn, Dattelpalmen, Jacaranden, Magnolien und Platanen in eine schattige Oase verwandeln. Die Stadtverwaltung hätte sich keinen hübscheren Ort als Sitz wählen können als diese von sattem Grün umwucherte Quinta vom Ende des 18. Jh.

Weiter nördlich gelangt man über die schmale *Rua de São Francisco* zum **Museu Etnográfico da Madeira** (Ethnologisches Museum, Tel. 291 95 25 98, Di–Fr 9.30–17, Sa/So 10–12.30 u. 13.30–17.30 Uhr) mit einer sorgfältig zusammengestellten Sammlung alter Trachten, landwirtschaftlicher Geräte und Haushaltsgegenstände. Die einstige Quinta aus dem 17. Jh. diente lange Jahre als Zucker- und Getreidemühle und als Destillerie für Zuckerschnaps. Ende des 19. Jh. wurde der Betrieb aufgegeben, das Anwesen verfiel, bis es als Museum restauriert und wieder zugänglich gemacht wurde.

Hier werden neben Literatur zum Thema auch Erzeugnisse des madeirensischen Kunsthandwerks verkauft, darunter die weichen Lederstiefel, Schnitzarbeiten und Töpferwaren.

ℹ️ Praktische Hinweise

Information
Touristenbüro im Wachtturm, Ribeira Brava, Tel. 291 95 16 75, Mo–Fr 10–15.30, Sa 10–12.30 Uhr

Öffentliche Verkehrsmittel
Bus Nr. 4, 6, 7, 107, 139 von Funchal aus

Hotels
******Hotel do Campo**, Estrada da Banda de Além, Ribeira Brava, Tel. 291 95 02 70, www.hoteldocampo.com. Das moderne Haus liegt etwas oberhalb des Ortes mit schönem Panoramablick.

Restaurant
Qb Restaurant, Rua Padre Manuel Álvares, Ribeira Brava, Tel. 968 11 02 57. Spezialität des Hauses sind Thunfisch-Gerichte und Steaks – frisch, reichlich, gut.

🔟 Ponta do Sol und Madalena do Mar

Durch Tunnels und Wasserfälle zu einsamen Bauern- und Fischerdörfern.

Knapp 4 km fährt man auf der Uferstraße ER 227 von Ribeira Brava, bis man Ponta do Sol erreicht. Die ›Sonnenspitze‹ ist ein freundliches Dorf, dessen Uferpromenade ein moderner Hotelbau dominiert. Die Kirche **Nossa Senhora da Luz** (Unsere Liebe Frau des Lichts), welche die dicht aneinandergedrängten Häuser überragt, stammt aus dem 15. Jh. und zählt damit zu den ältesten Sakralbauten Madeiras. Außer der geschnitzten, bemalten Holzdecke im Mudéjar-Stil ist aus dieser Epoche aber nichts erhalten, da das Gotteshaus im 18. Jh. barockisiert wurde. Damals wurde auch der Altarraum mit blau-weißgelben Azulejos ausgeschmückt. Hoch verehrt wird die silberne Marienstatue im Allerheiligsten, die beim großen Festtag der Kirche am 8. September in feierlicher Prozession durch den Ort getragen wird. Auch hier steht ein von König Manuel I. gestiftetes Taufbecken, das mit grünen Kacheln verkleidet ist.

Der Ort war früher ein bedeutendes Zentrum des Zuckerrohranbaus, heute überziehen Bananenstauden die Hänge beidseits der Ribeira da Ponta do Sol. Noch aus den ›Zuckerzeiten‹ stammt die **Quinta de João Esmeraldo**. Der gebürtige Flame, auf den das Haus zurückgeht, zählte im 15. Jh. zu den reichsten Männern der Insel und hatte in seinem Funchaler Stadthaus [s. S. 23] Kolumbus zu Gast. Was liegt da näher, als anzunehmen, dass der Entdecker auch in Esmeraldos Quinta in Ponta do Sol weilte! Legende oder Realität – das Herrenhaus wurde jedenfalls sorgfältig renoviert und ist – Kolumbus sei Dank – ein wichtiger Anziehungspunkt des Ortes. Die Quinta liegt 1 km landeinwärts oberhalb vom Zentrum im Ortsteil Lombada. In der Capela de Santo Amaro (meist geschl.) gegenüber dem Herrenhaus wurde Esmeraldo bestattet.

Noch ein anderer berühmter Name soll dem verschlafenen Städtchen Attraktivität verleihen: Im jetzigen Rathaus wohnte im 19. Jh. der Großvater des amerikanischen Schriftstellers John dos Passos (1896–1970), bevor er, der Insel überdrüssig, nach Amerika auswanderte. Eine Gedenktafel erinnert an den berühmten Enkelsohn, der Ponta do Sol u. a. im Jahr 1960 besucht hat, von Madeira aber offensichtlich einen sehr zwiespältigen Eindruck bekam: Die Insel sei »ein Paradies, aber auch ein Gefängnis«, schrieb

Hier speist man mit Meeresblick: Designhotel Estalagem in Ponta do Sol

der Autor von ›Manhattan Transfer‹ (1925) in einem Artikel. Im **Centro Cultural John dos Passos** widmet sich eine Ausstellung dem Leben und Werk des Dichters (Tel. 291 97 40 34, Mo–Fr 9–17.30 Uhr).

Wieder durch Tunnels und am Meer entlang schlängelt sich die Straße ins 6,5 km entfernte **Madalena do Mar**. Der hübsche Küstenort ist das Feriendomizil wohlhabender Funchaleser, die hier ihre Wochenendvillen haben. Madalenas Geschichte ist mit der sagenumwobenen Gestalt Henrique Alemãos verbunden, der im 15. Jh. nach Madeira kam und von Zarco großzügige Landschenkungen erhielt. Sein Inkognito konnte bis heute nicht gelüftet werden, aber in Madalena ist man sicher, dass der große Unbekannte niemand anderer war als der polnische König Ladislaus III. Der prominente Exilant kam in seinem Boot unterhalb des Cabo Girão ums Leben, erschlagen von einem Felsen. Er und seine Gattin sollen in der Pfarrkirche von Madalena do Mar beigesetzt sein. Das 1471 errichtete Gotteshaus mit seinem wuchtigen Turm ist innen im Barockstil und mit blau-weißen Azulejos ausgestaltet.

Draußen wohnen: die lässige Lounge-Terrasse des Estalagem da Ponta do Sol

ℹ️ Praktische Hinweise

Öffentliche Verkehrsmittel

Bus Nr. 4 von Funchal aus (ca. 4-mal tgl., etwa 2 Std. Fahrzeit).

Hotels

****Enotel Baía**, Avenida 1 de Maio, Ponta do Sol, Tel. 291 97 01 40, www.enotel.com. Komforthotel an der Uferpromenade, Indoor-Pools, Sonnenterrasse, Kiesstrand.

TOP TIPP ****Estalagem da Ponta do Sol**, Quinta da Rochinha, Ponta do Sol, Tel. 291 97 02 00, www.pontadosol. com. Ein puristisches Designhotel mit herrlichem Pool und Spa auf einem Felssporn über dem Ort – edel und elegant!

Restaurants

Sol Poente, Cais da Ponta do Sol, Tel. 2 91 97 35 79. Das sympathische Lokal liegt hübsch auf einem Felsvorsprung über dem Meer und serviert eine große Auswahl an Fisch, darunter *Bacalhau na brasa* und Thunfisch mit *Milho frito*.

Trianguloso, Caminho do Poiso 89, Canhas, Tel. 291 97 63 80, www.restaurante trianguloso.com. Modernes Restaurant mit madeirensischer und italienischer Küche auf dem Weg zur Paúl da Serra.

.

Blaue Stunde: Felsen und Meer umgeben das idyllische Dorf Ponta do Sol

12 Calheta

Der bedeutendste Ort der Westküste liegt in einer der fruchtbarsten Regionen Madeiras.

Wie so viele Siedlungen an der Südwestküste ist Calheta, das man auf der Uferstraße von Madalena do Mar nach 6,5 km erreicht, eng mit dem Namen Zarco verbunden. Der Inselentdecker und Kolonisator hatte seinen Kindern große Ländereien in dieser Region vermacht. Zuckerrohr sorgte lange für den Wohlstand der Grundbesitzer und noch heute gibt es in Calheta eine **Zuckerfabrik**, die vier Wochen im Jahr Rum und Melasse produziert. Das ganze Jahr über können Besucher im Laden Zuckerrohrschnaps verkosten und kaufen (Mo–Fr 8–19 Uhr). Arbeitsgeräte aus aufgelassenen Zuckerrohrdestillerien wurden am Ortseingang zu einem **Freiluftmuseum** zusammengetragen, wo sie friedlich in der salzigen Seeluft vor sich hin rosten.

Die Moderne hat in Gestalt eines Elektrizitätswerks Einzug gehalten. Mit Wasserkraft wird hier Strom produziert – 13

Prozent der madeirensischen Energie stammen aus vier Wasserkraftwerken, etwa sieben Prozent liefern die Windräder, die man auf der Hochebene Paúl da Serra sieht. Es scheint eine Laune des Schicksals zu sein, dass ausgerechnet Calheta, wo die wasserreiche Ribeira do S. Bartolomeu ins Meer mündet, ideale Be-

dingungen als Standort für das E-Werk bietet, denn der Ort besitzt einen der wenigen schönen Strände Madeiras schöne Strände, die zum Baden einladen.

Unbedingt sehenswert ist die **Kirche** des Ortes. Sie wurde 1430 errichtet und 1639 barockisiert, wobei ihr Prunkstück, die Holzdecke, jedoch unverändert blieb.

Kann sich mit jeder Großstadt messen: das spektakuläre Kunstzentrum von Calheta

Vom Meer umtost: Das kleine Calheta hat dem Atlantik zwei Sandstrände abgetrotzt

Ebenholztabernakel mit edlen Silbereinlegearbeiten. Am Meer entlang ein Stück zurück in Richtung Osten erreiht man Calhetas neuen Traumstrand.

Der **Calheta Beach**, gelegen am gleichnamigen Hotel [s.S.63], besteht aus zwei gegenüberliegenden, mit Sand aufgeschütteten Stränden; eine Mole schützt vor starker Brandung.

Oberhalb Calhetas birgt das futuristische Kunstzentrum **Centro das Artes Casa das Mudas** (Di–So 10–13, 14–18 Uhr) zeitgenössische Kunst der Sammlung Berardo. Die preisgekrönte moderne Architektur des Museums stammt von Paulo David, einem aus Madeira stammenden Architekten.

Auch **Estreito da Calheta**, ein hoch gelegener Ortsteil von Calheta, besitzt mit seiner **Capela dos Reis Magos** (Dreikönigskapelle, leider meist geschl.) ein sakrales Kleinod. Es entstand auf Initiative des Grundbesitzers Francisco de Gouveia, der hier mit seiner Frau beigesetzt ist, und zeigt sein manuelinisch geprägtes Inneres nach sorgfältiger Restaurierung wieder in leuchtenden Farben. Über dem Altar hängt ein wertvolles Triptychon aus der flämischen Schule mit der ›Anbetung der Heiligen Drei Könige‹.

Ausflüge

Von Estreito da Calheta geht es auf noch schmaleren und kurvigeren Straßen wenige Kilometer nach Westen hinunter in

Sie präsentiert sich im Mudéjar-Stil und ähnelt jener der Sé in Funchal [s.S.21]. Kunstvoll geschnitzte, teils bemalte, teils vergoldete geometrische Holzelemente wurden zu einem Meisterwerk maurischer Dekorationskunst zusammengesetzt. König Manuel I. hat auch der Kirche von Calheta ein Geschenk gemacht: ein

Nach Pariser Vorbild: die Kirche Nossa Senora do Rosário in Jardim do Mar

die Siedlung **Jardim do Mar**, die sich an eine bis zu 300 m hohe Felswand lehnt. Bis Ende der 60er-Jahre des 20. Jh. konnten die Bewohner den Ort nur auf Saumpfaden verlassen.

Seit Jardim do Mar durch eine Straße an die Segnungen der Zivilisation angeschlossen wurde, ist es aus seinem Dornröschenschlaf erwacht. Das Ortsbild wird von der **Igreja Nossa Senhora do Rosário** beherrscht, die nach dem Vorbild von Notre-Dame in Paris errichtet wurde. Das Gotteshaus besitzt allerdings nur

einen Turm. Das Geld für den im Inneren unspektakulären Kirchenbau stammte z.T. von Emigranten, die ihrem Heimatdorf finanziell unter die Arme griffen. Von der Kirche geht es durch schmale, blumengeschmückte Gässchen steil hinunter an einen winzigen Strand mit groben Kieseln, der bei Surfern sehr beliebt ist.

Bis vor kurzem musste man über eine halsbrecherische Serpentinenstraße zunächst hinauf nach Prazeres und wieder hinunter ans Meer fahren, um ins Nachbardorf **Paúl do Mar** zu gelangen. Heute

Die Stille genießen: Das Plateau von Prazeres ist wie geschaffen für solche Momente

erleichtert ein Tunnel die Fahrt. Der ehemals stille Ort hat sich zu einem hübschen Seebad gemausert.

Hoch darüber thront **Prazeres** auf seinem Plateau mit Blick auf den Atlantik. Inmitten von Obstgärten stehen schmucke Häuser um die Pfarrkirche. In den gastlichen Restaurants und Lokalen des Ortes kann man sich stärken, bevor man zu einer der vielen schönen Wanderungen hier im Westen aufbricht.

ℹ️ Praktische Hinweise

Öffentliche Verkehrsmittel
Die Buslinien 107, 115 und 142 verbinden Funchal mit Estreito da Calheta.

Einkaufen
Zuckerfabrik, Calheta, Tel. 291 82 21 18. Neben Zuckerrohrschnaps, der hier Aguardente heißt und Hauptzutat des beliebten Poncha ist, wird im fabrikeigenen Laden auch köstlicher Honig verkauft.

Hotels
TOP TIPP ***Atrio**, Lombo dos Moinhos Acima, Est. da Calheta, Tel. 291 82 04 00, www.atrio-madeira.com. Eine Oase der Ruhe und Entspannung mit individuell und sehr persönlich eingerichteten Zimmern, einer gemütlichen Bibliothek und leichter Küche. Die Besitzer geben Wandertipps und führen gelegentlich auch selbst.

***Calheta Beach**, Vila da Calheta, Tel. 291 82 03 00, www.calheta-

Küstentour bei Paúl do Mar

Eine besonders schöne Strandwanderung (Dauer Hin- und Rückweg: zwei Stunden) führt vom Fischerdorf Paúl do Mar bis nach Jardim do Mar. Der Weg, der an der Fischerrampe am östlichen Hafenbecken von Paúl do Mar startet, war für Jahrhunderte die einzige Verbindung zwischen diesen beiden Küstenorten. Der schwierigste Teil des ansonsten leichten Spaziergangs ist schon nach wenigen hundert Metern erreicht: An einer Engstelle fällt die Klippe dramatisch und steil zum Meer hinab. Flut oder hoher Wellengang können das Queren der Felsen unmöglich machen, bei starker See muss man an dieser Stelle kehrt machen – wer sichergehen will, erkundigt sich in einem der Cafés am Ausgangspunkt nach den Gezeiten. Diese sollte man auch für den Rückweg einplanen, bevor man in Jardim do Mar, das nach 3 km erreicht ist, einen Bummel oder Badestopp macht. Denn auch beim Rückweg ist es wichtig, den Wellengang an der Engstelle zu beobachten.

beach.com. Auf den ersten Blick ein eher nichtssagender Betonklotz am gleichnamigen Strand, doch im Inneren verbergen sich sehr komfortable Zimmer, ein hervorragendes Restaurant [s. S. 64] sowie ein Einkaufszentrum.

Dampfbetrieben: Bis heute laufen die alten Maschinen der Zuckerfabrik von Calheta

Der Leuchtturm von Ponta do Pargo ist das höchstgelegene Signalfeuer Portugals

TOP TIPP ***Jardim Atlântico,** Lombo da Rocha, Prazeres, Calheta, Tel. 291 82 02 20, www.jardimatlantico. com. Eine Abzweigung von der Straße Prazeres–Ponta do Pargo führt zu dem in 400 m Höhe gelegenen Ökohotel mit Bungalows oder Apartments inmitten eines üppigen Gartens. Dort kann man die hervorragende – auch vegetarische – Küche genießen, sich mit Aromatherapie und Massagen verwöhnen lassen oder eine der vielen angenehmen Wanderungen unternehmen, die das Hotel für seine Gäste zusammengestellt hat.

Restaurants

Onda Azul, Vila da Calheta 133, Tel. 291 72 42 64. Restaurant des Hotels Calheta Beach mit guter Fischküche; es gibt aber auch leckere einfache Pizzen.

Rocha Mar, Vila da Calheta, Tel. 291 82 36 00. Beliebtes Restaurant mit guten Fisch und Meeresfrüchtespezialitäten.

O Tosco, Sítio da Estacada, Prazeres, Tel. 291 82 27 26. Ein einfaches Lokal mit überraschend gut sortierter Weinkarte und exzellenter Espetada.

Tar Mar, Sítio da Pietade, Jardim do Mar, Tel. 291 82 32 07. Das Restaurant kann man vom Hauptplatz nur zu Fuß erreichen. Es liegt am Ende einer schmalen Gasse hoch über dem Meer und ist besonders bei Einheimischen wegen seiner regionalen Küche beliebt.

13 Ponta do Pargo

Am westlichsten Punkt Madeiras.

Die Suche nach dem perfekten Ort, um den Sonnenuntergang zu bewundern, ist für viele Urlauber ein Ritual. Auf Madeira ist dieser Ort einfach zu finden: Man fährt über eine kurvenreiche Straße in den kleinen Ort Ponta do Pargo und hält dort nach einem **Leuchtturm** mit roter Kuppel Ausschau. Vor dem Häuschen des Leuchtturmwärters an der Westspitze der Insel ist man dann so nah dran am Sonnenuntergang wie sonst nirgends auf Madeira. Der Leuchtturm von Ponta do Pargo ist der schönste seiner Art auf der ganzen Insel und sein Signalfeuer ist das höchstgelegene Portugals. Seit 1922 schickt er sein Feuer hinaus auf den Atlantischen Ozean, und der Blick reicht hier

Als ob der Blick bis zum Herrgott reicht: Deckenhimmel der Kirche Ponta do Pargo

weit über die Westküste mit ihrem steilen Felsensaum. Ein weiterer Grund, diesen abgelegenen Ort aufzusuchen, ist die **Igreja Sao Pedro** im Ortszentrum: Ihr Gemäldehimmel ist ein Traum aus Farben. Ausgeführt hat das Bild ein belgischer Künstler aus der Gemeinde.

ℹ Praktische Hinweise

Öffentliche Verkehrsmittel

Bus Nr. 107 von Funchal aus (1-mal tgl. morgens, wochentags auch abends) Fahrzeit 4 Std., Rückfahrt 2 Std. nach Ankunft.

Hotel

***O Farol**, Rua do Farol 3, Ponta do Pargo, Tel. 291 88 20 10. Hotel mit 10 Zimmern nahe dem Leuchtturm, Restaurant mit guten traditionellen Gerichten.

Quinta do Espigão, Caminho de Portela Abaixo, Ponta do Pargo, Mobiltel. 965 88 23 17, www.quintilha.com. Charmantes Privathaus mit drei Zimmern.

Restaurant

Casa de Chá O Fío, Tel. 291 88 25 25. Hübsches Teehaus und Restaurant fünf Minuten vom Leuchtturm. Nachmittags Tee und Kuchen, abends Fisch und Wein.

Die Nordküste –
Wasserfälle und Meer

Von der Ponta do Pargo im äußersten Westen bis zum östlichen Zipfel an der **Ponta de São Lourenço** zeigt sich Madeira von seiner ungestümen, herben Seite. Entlang der Nordküste fallen die Berge steil ins Meer ab, nur an wenigen Stellen haben Menschen genügend Platz gefunden, um Siedlungen zu bauen: am Felsvorsprung von **Porto Moniz** mit seinen vom Meer im Laufe der Jahrhunderte geschaffenen Naturschwimmbecken, bei **São Vicente**, wo sich eine Ribeira den Weg zwischen den Hängen gebahnt hat, oder bei **Boaventura** und **São Jorge**, die auf Landzungen über dem Meer thronen. Erst ab **Santana** weichen die Berge etwas zurück. Eine schwindelerregende Klippenstraße war lange die einzige Verbindung zwischen all diesen Orten. Schließlich wurde sie durch eine breitere Straße ersetzt, trotzdem bleibt die Fahrt auf der alten Trasse ein Abenteuer – auf kurzen Abschnitten kann sie noch heute befahren werden.

14 Porto Moniz

*Eine dunkle Felsenzunge, von
tiefblauer See umspült.*

Drei Wege führen von Funchal aus nach Porto Moniz an der nordwestlichen Küste: Der schnellste und bequemste verläuft durchs Inselinnere bis zum *Pass Boca da Encumeada*, biegt dann links ab, überquert die *Paúl da Serra* und schlängelt sich schließlich hinunter ans Meer (65 km). Man kann die Siedlung aber auch im Anschluss an die Tour durch den westlichen Teil Madeiras von der Ponta do Pargo [s. S. 64] auf einer serpentinenreichen Straße durch Wald- und Bergland erreichen (20 km ab Ponta do Pargo) oder die Berge durch den Encumeada-Tunnel querend und dann von São Vicente [s. S. 70] nach Westen fahren (16 km ab São Vicente). Doch ganz gleich, auf welchem Weg man sich Porto Moniz nähert, der Blick vom Bergrücken über die rebenbepflanzten Hänge hinunter auf die leuchtend weiße, winzige Siedlung am tobenden Atlantik ist überwältigend. Die belegte Geschichte von Porto Moniz beginnt im Jahr 1533, als der Portugiese Francisco Moniz hier Wohnsitz nahm, um seine vom König verliehenen Ländereien

zu verwalten. Dass es den Bewohnern dieses Ortes dem stetig pfeifenden Wind zum Trotz gelingt, Wein anzubauen, ist symptomatisch für die Beharrlichkeit, mit

*Entspannung im Atlantik: Die Lavapools
von Porto Moniz sind einzigartig*

der Madeiras fruchtbare Böden ungeachtet der Naturunbilden genutzt werden. Die Winzer von Porto Moniz haben hohe Hecken aus Baumheide errichtet, um ihre Trauben zu schützen. Schwer haben es auch heute noch die Fischer des Ortes – ihre Boote müssen mit Winden auf den Strand gezogen werden, damit sie nicht in der starken Brandung zerschellen. Die Gewässer sind so fischreich, dass sich die tägliche Mühe lohnt.

Ein weiteres Geschenk der Natur: Die stetige Erosion durch Wind und Wsser hat in Porto Moniz mehrere **Natur-schwimmbecken** im Lavagestein geschaffen, in denen man immer wieder von kalten Duschen der atlantischen Brecher überspült baden kann. Die Becken an der früheren **Festung São João** in der Ortsmitte sind noch naturbelassen und ideal für Schnorchler. Komfortabler ist die moderne Meeresbeckenanlage am westlichen Ortsrand, wo die natürlichen Kuhlen erweitert und ausgebaut wurden. Wer die Meeresfauna lieber durch die Glasscheibe betrachtet, kann sich im artenreichen **Aquário da Madeira** (Tel. 291 85 03 40, tgl. 10–18 Uhr) in der Festung São João an der Unterwasserwelt sattsehen.

Besuch bei der Unterwasserwelt: eines der Becken im Aquário da Madeira

ℹ **Praktische Hinweise**

Information

Tourismusinformation, Vila do Porto Moniz, Tel. 291 85 30 75

Öffentliche Verkehrsmittel

Bus Nr. 80 und 139 (3-mal tgl.) von Funchal aus über Ponta do Pargo oder den Encumeada-Tunnel, Fahrzeit ca. 3–4 Std.

Hotels

Casa do Ribeirinho, Sítio do Ribeirinho, Santa do Porto Moniz, Tel. 291 85 01 40, www.casaribeirinho.com. Die ländliche und einfache Quinta ist oberhalb des Ortes gelegen und gilt als ein idealer Ausgangspunkt für die beliebten Levadawanderungen.

Restaurants

Pólo Norte, Sítio das Poças, Tel. 291 85 33 22. *Espada preta* und andere Fischspezialitäten sowie die *Espetada* vom Holzkohlengrill schmecken hier ausgezeichnet.

Salgueiro, Lugar do Tenente 34, Porto Moniz, Tel. 291 72 42 80. Hotel und nicht überteuertes Restaurant mit Regionalküche in idealer Lage gegenüber dem Naturschwimmbecken. Die Einrichtung ist etwas steril, dafür entschädigt die Qualität der Gerichte.

15 Ribeira da Janela

Am längsten Fluss Madeiras.

Nur 2 km entlang der Steilküste sind es von Porto Moniz bis zum Ort Ribeira da Janela, der idyllisch an der Mündung des gleichnamigen Flusses liegt. Die Ribeira da Janela ist mit ihren 12 km der längste Wasserlauf Madeiras. Gespeist von zahllosen Quellen der Paúl da Serra hüpft und springt sie in Wasserfällen über Abhänge und bildet in ihrem Oberlauf eine romantische, in dichten Lorbeerwald gebettete Kaskaden- und Seenlandschaft, die man von Rabaçal [s. S. 106] aus bestens erwandern kann.

In ihrem Mündungsgebiet führt sie so große Wassermassen, dass sie, wie die Ribeira Brava an der Südküste, ein ganzes Wasserkraftwerk antreibt.

Der kleine, in ca. 200 m Höhe über dem Meer gelegene Ort ist wegen seiner drei vorgelagerten Felsklippen ein beliebtes

Felsenfenster zum Horizont – ungewöhnliche Gesteinsformation bei Ribeira da Janela

Schöne Fahrt: Die Straße nach Seixal wurde mitten in den Fels geschlagen

Ausflugsziel: Die Erosion hat eine von ihnen in eine Art Fenster (Janela) zum Meer verwandelt, dem der Fluss und das Dorf ihre Namen verdanken.

16 Seixal und Ribeira do Inferno

Durch Tunnels und hoch über dem Meer entlang der Nordküste zu Terrassenfeldern, auf denen Madeiras beste Weine wachsen.

Bis zum nächsten Ort Seixal mit dem dunklen Kiesstrand *Jamaica Beach*, so benannt nach den Palmen, die den Weg zum Strand hinunter säumen, sind es rund 8 km. Auf dieser Strecke und weiter nach Osten sollte man vorsichtig fahren: Obwohl die alte Küstenstraße mittlerweile durch eine neue und weniger ausgesetzte Route ersetzt wurde, ist die Trasse eng und kurvenreich. Bis zum Bau der ersten Straße in den 1950er Jahren ermöglichten lediglich Bergpfade oder Boote die Verbindung zwischen den wenigen Siedlungen. **Seixal**, zwischen Fels und Meer eingeklemmt, ist der Herkunftsort eines der besten Weine Madeiras, des Sercial, dessen Trauben erst im November geerntet werden. Im ca. 2 km entfernten Tal von Chão da Ribeira – ein Naturschutzgebiet – gibt es eine große Forellenzuchtstation, weshalb man im Restaurant Brisa Mar am Hafen von Seixal nicht nur Meeresgetier, sondern auch

den schmackhaften Süßwasserfisch genießen kann. Danach locken die in ein modernes Freibad integrierten Meeresschwimmbecken zu einem Sprung ins kühle Nass. 2 km hinter dem Dorf Seixal kommt man zu einem Aussichtspunkt mit atemberaubendem Blick auf die **Ribeira do Inferno**, die hier in den Atlantik mündet. Die tiefe Schlucht trägt ihren Namen ›Hölle‹ zu Recht, ist sie doch von dichtem, dunklem Wald bestanden.

i Praktische Hinweise

Hotel
***Casa das Videiras, Sítio da Serra Água, Seixal, Tel. 291 85 40 20, www.casa-das-videiras.com. Rustikale, freundlich eingerichtete Quinta mitten in Seixal mit nur 4 Zimmern.

Restaurant
Brisa Mar, Cais, Seixal, Tel. 291 85 44 76, www.brisa-mar.com. Köstliche Süßwasser- und Meeresfischgerichte werden hier mit Atlantikpanorama serviert.

Laurissilva, Sítio do Chão da Ribeira, Tel. 291 85 40 07. Im Lorbeerwald versteckte Gaststätte mit Spezialitäten wie Kaninchen oder Ziegenbraten und Forelle vom Grill. Probieren sollte man unbedingt das Kartoffelbrot mit Knoblauchbutter.

Dramatisch: Das Spiel von Sonne und Wolken ist entlang der Nordküste besonders schön

17 São Vicente

Ein Spaziergang durch Hades' Reich.

Ab und an kann man auf der Strecke zwischen Seixal und São Vicente noch Teilstücke der heute gesperrten alten Küstenstraße erspähen, die von den Madeirern nicht nur ›Autowaschanlage‹ genannt, sondern in der Vergangenheit auch als solche genutzt wurde. Farn und Efeu wuchern von den Felsvorsprüngen hinab, Wassertropfen glitzern auf den dunkelgrünen Blättern wie Tausende kleiner Brillanten, und wenn sich die Sonnenstrahlen in den Wasserfontänen brechen, zaubern sie bunte Regenbogen über die Straße.

Bei São Vicente ziehen sich die Steilhänge ein Stück weit vom Atlantik zurück und öffnen sich zu einem breiten Tal, durch das der **Rio do São Vicente** plätschert. Hier endet die von Funchal in den Norden führende Straße ER 104 über den Pass bzw. Tunnel von Encumeada.

São Vicente wirkt mit seinem geschmackvoll restaurierten Ortskern, den weiß gestrichenen einstöckigen Häusern mit üppigem Blumenschmuck an Balkonen und Fenstern richtig idyllisch. Die **Igreja do São Vicente** aus dem 17. Jh. lohnt wegen ihrer üppigen Ausstattung einen Besuch. Schützend blickt der hl. Vicentius vom Deckengemälde hinab auf die vergoldeten Holzschnitzereien und Azulejos im Kirchenraum.

An der Mündung des Rio do São Vicente ins Meer, die hier von einer Brücke überspannt wird, lehnt sich die 1692 errichtete **Capela São Roque** an einen spitzzackigen Felsen. Die Fassade des Kapellchens ist mit einem ornamentalen Mosaik aus Flusskieseln geschmückt.

Hauptsehenswürdigkeit von São Vicente sind die **Grutas do São Vicente** (www.grutasecentrodovulcanismo.com, tgl. 10–19 Uhr) am Ortsausgang. Auf ca. 700 m Länge wurde hier ein vor 890 000 Jahren nach einem Vulkanausbruch entstandenes Lavatunnelsystem für Besucher erschlossen. Die Grutas entführen in eine faszinierende Vulkanwelt mit einem bizarren Labyrinth von Gängen. Hintergrundinformationen bietet das angeschlossene Centro do Vulcanismo: Besucher können u.a. eine virtuelle Reise ins geologische Herz Madeiras erleben und sich über Vulkanismus informieren.

ℹ Praktische Hinweise

Öffentliche Verkehrsmittel

Busse 106 und 139 durch den Tunnel von Encumeada

Hotels

****Estalagem do Vale**, Feiteiras de Baixo, Tel. 291 84 01 60, www.estalagemdovale.com. Das elegante, historische Anwesen liegt im Ortszentrum um einen Pool. Hübsch möblierte Zimmer und ein sehr gutes Restaurant verwöhnen die Gäste.

***Estalagem do Mar**, Sítio dos Junco Fajã da Areia, São Vicente, Tel. 291 84 00 10, www.estalagemdomar.com. Am Meer gelegenes Hotel mit Meerwasserpool, Hallenbad und Tennisplätzen. Von allen Zimmern Blick aufs Wasser.

Solar da Bica, Sítio dos Lameiros, São Vicente, Tel. 291 84 20 18, www.solarbica.com. Modernes und komfortables Landhotel garni mit nur 13 Zimmern und einem Hallenbad.

Restaurants

Frente Mar, Sítio de Calhau, São Vicente, Tel. 291 84 28 71. In dem gemütlichen Lokal verkehren vor allem mittags viele Einheimische. Der Speisesaal liegt im ersten Stock mit Blick aufs Meer.

O Virgílio, Sítio de Calhau, São Vicente, Tel. 291 84 24 67. Das mit rustikalen Holzbänken eingerichtete Restaurant serviert gute madeirensische Hausmannskost. Das Knoblauchbrot *Bolo de caco* kommt dampfend heiß auf den Tisch.

TOP TIPP **Quebra Mar**, Sítio do Calhau, São Vicente, Tel. 291 84 23 38. Mittags ist das landestypische Panoramarestaurant am Strand meist mit Gruppen belegt; abends hingegen speist man in idyllischer Ruhe und genießt eine hervorragende Küche, die sowohl Madeira-Spezialitäten wie internationale Gerichte perfekt zubereitet. Unbedingt die Fischsuppe probieren! Und dass sich das Restaurant dreht, liegt nicht am Wein!

Im Inneren des Vulkans: das Höhlenlabyrinth der Grutas do São Vicente

Hort eines Wunders: Die kleine Kirche von Ponta Delgada ist Ziel von Wallfahrten

18 Ponta Delgada und Boaventura

Ein Wallfahrtsort und die Heimat der Weidenruten.

Noch 7 km folgt die 101 von São Vicente der Felsküste, bevor sie sich hinter **Ponta Delgada** wieder vom Meer entfernt. Das Dorf (2000 Einw.) erstreckt sich von einer flachen Landzunge die Hänge hinauf. Es besitzt einen neuen Badekomplex mit zwei Meerwasserschwimmbecken und Sonnenterrassen. Die Anfang des 20. Jh. errichtete **Igreja Senhor Bom Jesus** steht alljährlich am ersten September-Wochenende im Mittelpunkt eines der ältesten und bedeutendsten Kirchenfeste Madeiras, zu dem Gläubige von nah und fern pilgern. Mit diesem Ereignis verknüpft ist eine lange Geschichte, die bis ins 16. Jh. zurückreicht: Zum gleichen Zeitpunkt, als man hier eine erste Kapelle erbaute, schwemmten die Wogen des Meeres eine Kiste mit einem hölzernen Kruzifix an die Küste. Die Bewohner von Ponta Delgada sahen darin ein Wunder und stellten das Kreuz in dem kleinen Kirchlein auf, das schon bald darauf Ziel einer der wichtigsten Wallfahrten Madeiras wurde. Als dann das Gotteshaus im Jahr 1908 abbrannte, blieb von dem Kruzifix nur noch ein kleines, verkohltes Stück übrig, das seither hinter schützendem Glas aufbewahrt und weiterhin hoch verehrt wird.

Wie Ponta Delgada klettert auch das 2 km entfernte **Boaventura** (3000 Einw.) von Meeresniveau auf über 150 m Höhe die tiefgrünen, mit Weinreben bewachsenen Berge hinauf. Die Küstenstraße umrundet in steilen Serpentinen den Taleinschnitt der Ribeira do Porco, bevor sie bei Arco de São Jorge wieder das Meer erreicht. Boaventura, ›Gut Glück‹, ist mit zahlreichen großen und kleinen Ribeiras in der Umgebung gesegnet, deren Wasserreichtum das schmale Tal in eine fruchtbare Oase verwandelt hat. Hier wachsen Obstbäume und Weiden für die Korbflechterei [s. S. 44].

ℹ️ Praktische Hinweise

Hotels

Solar de Boaventura, Serrão Boaventura, Tel. 291 86 08 88, www.solar-boaventura.com. Zehn geschmackvoll eingerichtete Gästezimmer in einem alten Herrenhaus, das am Hang oberhalb von Boaventura liegt, und 20 Zimmer in einem architektonisch stimmigen Anbau. Ein ruhiger und angenehmer Standort, der sich für die Erkundung der Nordküste ideal eignet. Das angeschlossene Restaurant bietet hervorragende Kreationen der madeirensischen Küche.

***Casa da Capelinha, Terreiro, Ponta Delgada, Tel. 291 86 00 40, www.casada capelinha.com. Die moderne und geschmackvolle Apartmentanlage verfügt über einen Swimmingpool und auch über ein kleines Restaurant. Zum reizvollen Anwesen gehört auch die hübsche Capela dos Reis Magos, die im 16. Jh. errichtet wurde.

19 São Jorge

Barocker Prunk an der Nordküste.

Hinter Arco de São Jorge, das sich an eine halbkreisförmige Bucht schmiegt, verläuft die 101 erneut landeinwärts und führt durch Kiefernwälder 10 km bis zum 3000-Seelen-Ort São Jorge, der sich rühmt, die schönste Barockkirche außerhalb der madeirensischen Hauptstadt zu besitzen. Während die **Igreja do São Jorge** von außen sehr unscheinbar wirkt, empfängt sie im Inneren mit kunstvoll geschnitzten und vergoldeten Altarrückwänden und herrlichen Azulejos, die tatsächlich den Vergleich mit jenen in Funchals Gotteshäusern nicht zu scheuen brauchen.

ℹ Praktische Hinweise

Hotel

****Quinta do Arco**, Arco de S. Jorge, Tel. 291 57 02 70, www.quintadoarco.com. Der Rosengarten dieser Quinta zählt zu den größten Portugals; dazwischen verstecken sich kleine, höchst komfortable Bungalows und ein Pool in üppigem Grün. Das reizvolle Teehaus steht auch Besuchern von außerhalb offen.

Das Innere der äußerlich schlichten Igreja do São Jorge überrascht mit barocker Pracht

Lebendige Geschichte: die bunt gestrichenen Casas de Colmo von Santana

20 Santana

Urige Häuschen in fruchtbarer Landschaft.

Wiederum landeinwärts und auf kurviger Straße sind es 8 km nach Santana. Die hübsche Ort (8000 Einw.) ist bekannt für seine strohgedeckten historischen Holzhäuser: Wer beim Anblick der bunt gestri-

Als ob die Hausfrau eben erst aufgestanden wäre: Webstuhl im Museum von Santana

chenen **Casas de Colmo** an Asterix und sein Dorf denkt, liegt damit gar nicht mal so falsch – wahrscheinlich ist die Architektur keltischen Ursprungs. Gut hundert Häuschen mit dem markanten bodentiefen Strohdach gibt es heute noch in der Gemeinde. Bis vor wenigen Jahrzehnten waren einige sogar bewohnt – allerdings unter spartanischen Verhältnissen: Im unteren Wohnraum reichte der Platz gerade mal für ein Bett plus Waschtisch und Sitzgelegenheit, unter dem Spitzdach war die ›Speisekammer‹ untergebracht, in der das gemahlene Getreide aufbewahrt wurde. Weil die Casas zu verfallen begannen, hat die Gemeinde neben dem Rathaus eine Art **Freilichtmuseum** eingerichtet, in dem man die Häuschen mit ihren blau, rot oder grün gestrichenen Fensterläden bewundern kann. Die Fenster sind mit Geranien und Hortensien geschmückt. In einem dieser Häuschen residiert die Touristeninformation.

Größte Attraktion Santanas ist der Themenpark **Parque Temático da Madeira** (Tel. 291 57 04 10, www.parquetematicodamadeira.pt, Di–So 10–19 Uhr) am Ortsrand, in dem historisch kostümierte Puppen, nachgebaute Fischerboote und Santana-Häuser Geschichte und Kultur der Insel darstellen.

Das Kapital der Gemeinde ist die fruchtbare, fast ebene Landschaft. Auf 400 m über dem Meer gedeihen Obst,

Feine Stiche

Offiziell begann der Siegeszug der **Madeira-Stickerei** um die Mitte des 19. Jh., und zwar durch die Engländerin **Elizabeth Phelps**, deren Vater Ländereien auf Madeira besaß und als Lehrer tätig war. Gestickt haben die Frauen Madeiras bereits lange vorher – für die Aussteuer und für ihre reichen Herrschaften. Miss Phelps war es dann, die Frauen und Töchter der **Colonos** (Pächter) ihres Gutes ermutigte, die exquisiten Handarbeiten nicht nur für den Eigenbedarf, sondern auch für den Verkauf anzufertigen.

Dieses Engagement war weniger sozial, denn ökonomisch begründet, da das bis dahin florierende Madeirawein-Geschäft durch eine Mehltau-Epidemie einen herben Rückschlag erlitten hatte und die Pächter vor dem wirtschaftlichen Ruin standen. Elizabeth Phelps machte die Frauen mit neuen Stichen und Mustern bekannt, sorgte für den Vertrieb in **England** und konnte bald große Erfolge verzeichnen. Heute gehen die madeirensischen Behörden davon aus, dass etwa 30 000 Frauen mit **Bordados do Madeira** ihr Haushaltsgeld nachhaltig aufbessern.

Der hochdifferenzierte **Produktionsprozess** beginnt und endet in der **Fabrik**: Unten liegen die Verkaufsräume, darüber die Ateliers, in denen die Muster vorbereitet werden und die fertigen Stücke den allerletzten Schliff bekommen. Eine **Zeichnerin** entwirft die Muster auf Pergamentpapier, perforiert dieses entlang der Linien und steckt es dann auf dem Stoff fest. Nun wischen die **Druckerinnen** mit einem in Tinte getauchten Schwamm über das Pergament und übertragen so das Muster durch die perforierten Löcher auf den Stoff. Mit genauen Angaben zu Stichmenge und -art werden nun Vorlagen und Stickgarn an eine **Agentin** übergeben, die die Aufträge an die Frauen in ihrem Heimatdorf verteilt. Sie bringt schließlich die fertigen Stücke wieder in die Fabrik und kassiert den vereinbarten Lohn. Dort wird die **Qualität** der Arbeiten genau geprüft, dann werden die Stickereien gewaschen und gebügelt. Der letzte Weg führt sie zum **Instituto do Bordado** nach Funchal, wo sie erneut begutachtet und mit einer Plombe versehen werden, die die Stücke als Original-Handarbeiten von Madeira ausweist. Traditionell wurde auf Madeira Weiß auf Weiß gestickt, doch inzwischen hat eine Vielzahl neuer Sticktechniken, Muster und Farben den Markt erobert. Eines ist allen Stücken gemeinsam: Die filigranen Handarbeiten haben einen stolzen Preis – und das, obwohl die Stickerinnen mit umgerechnet etwa 250 Euro Monatslohn wahrlich nicht viel verdienen. Wer sich für den Herstellungsprozess interessiert, kann eine **Führung** in einem der großen Stickereigeschäfte Funchals mitmachen.

Zierliche Muster: Tausende von Stichen und viel Geduld sind dafür erforderlich

Trauben, Gemüse und Mais. Santanas Frauen verdienen sich mit Stickereien ein Zubrot [s. S. 75].

Zu einigen Feldern – ein Biosphärenreservat – an der Rocha do Navio unten am Meer führt eine Seilbahn (9–12.30, 13.30–17 Uhr).

ℹ️ Praktische Hinweise

Information

Câmara Municipal de Santana, Sítio do Serrado, Santana

Öffentliche Verkehrsmittel

Bus Nr. 103 Funchal–Boaventura (4-mal tgl.), Bus Nr. 138 Funchal–Cabanas (3-mal tgl.), Buslinie Nr. 132 Funchal– São Vicente (4-mal tgl.)

Feste

Festa dos Compadres
Zu diesem Fest, das jedes Jahr eine Woche vor Karneval stattfindet, wird ein Tribunal abgehalten: Vor ›Gericht‹ stehen zwei Strohpuppen, ein Mann und seine Ehefrau, über deren angebliche Untreue erregt verhandelt wird, wobei ausgiebig Wein fließt. Am Schluss der Verhandlung landen die beiden Compadres, Gevattern, auf einem Scheiterhaufen, und die Santanesen beschließen mit fröhlicher Musik und Tanz symbolisch das Ende des Winters.

Das hat Tradition: ein Ukulelenspieler im Freilichtmuseum von Santana

Festa de Santissimo Sacramento
(31. Juli–1. Aug.): Pfarrkirche und Straßen sind anlässlich dieses Festes mit üppigbunten Blumengirlanden geschmückt. Nach dem Gottesdienst wird die Monstranz in einer Prozession durch den Ort getragen.

Hotels

****O Colmo, Sítio do Serrado, Santana, Tel. 291 57 02 90, www.hotelocolmo.com/ pt/main.html. Komfortables und modern ausgestaltetes Hotel im Ortszentrum gelegen, mit hellen, moder eingerichteten Zimmern und Restaurant.

TOP TIPP ******Quinta do Furão**, Estrada Quinta do Furão 6, Santana, Tel. 291 57 01 00, www.quintadofurao. com. Von dieser Unterkunft auf einem 5 ha großen Weingut, etwas westlich von Santana auf einem Plateau hoch über dem Meer, hat man an klaren Tagen eine grandiose Fernsicht bis Porto Santo. Dezente Atmosphäre, perfekter Komfort, hervorragende Ausstattung, eine interessante Bibliothek und köstliche Küche machen die Quinta zu einem idealen Ausgangspunkt für Wanderungen und Ausflüge entlang der Nordküste.

***Casas de Campo do Pomar, Sitio de Lombo do Curral, Tel. 964 05 42 06. Mehrere Bungalows in einem verwunschenen Garten am Hang, angenehme Landhausatmosphäre und freundliches Personal.

*Ilha e Montanha, Tel. 291 57 26 16, Ilha, Santana, www.ilhaemontanha.com. Einfache, aber nett geführte Unterkunft in Ilha hoch über Santana. Idealer Ausgangspunkt für Wanderungen z. B. in den Caldeirão Verde.

*Residencial O Curtado, an der Straße 101 in Richtung Faial, Tel. 291 57 22 40. In herrlicher Panoramalage, aber direkt an der viel befahrenen Nordküstenstraße gelegenes Haus mit modern ausgestatteten Zimmern und einigen Casas de Colmo für Gäste, die gerne einmal in einem traditionellen Santana-Haus nächtigen wollen.

Restaurant

Quinta do Furão, Achada do Gramacho, Santana, Tel. 291 57 01 00. Gute madeirensische Küche wird in dem mit dunklen Holzmöbeln eingerichteten Hotelrestaurant von einem sehr zuvorkommenden Personal serviert. Die *Espetada* schmeckt herrlich nach Knoblauch und Lorbeer.

Auf dem Weg zum Wasserfall: Aus 100 Metern Höhe stürzt das Wasser in den See

Levadawanderung zum Caldeirão Verde

Tiefgrüne Schluchten und ein großartiger Wasserfall: Ein Muss für Naturliebhaber ist die Levadawanderung zum Wasserfall Caldeirão Verde (Anfahrt: Auf der ER 101 oder ER 103 nach Santana, von dort auf der ER 213 zur nächsten Tankstelle, hier weiter Richtung Pico Ruivo zum Parkplatz Rancho Madeirense). Insgesamt dauert die Tour fünf Stunden – genügend Proviant gehört also in den Rucksack.

Vom Parkplatz weg führt der zunächst breite Wanderweg gegen die Fließrichtung des Wassers. Nach einer halben Stunde ist **Queimadas** erreicht, ab hier weist ein Hinweisschild den Weg. Auf den nächsten beiden Kilometern taucht man ein in einen kühlen Wald, begegnet Wasserfällen und quert eine tiefe Schlucht auf einer alten Steinbrücke. Anschließend ist der schmale Pfad mit Seilen gesichert, denn jetzt geht es teilweise senkrecht in die Tiefe – Schwindelfreiheit muss sein! Weiter führt der Weg durch zwei Tunnel – Taschenlampe mitnehmen –, dann läuft man auf immer schmaler werdenden Levadawegen, bis man es nach insgesamt 8 km rauschen hört: Im Talkessel voraus stürzt das Wasser des **Caldeirão Verde** aus 100 m Höhe in einen kleinen See. Die Felswände sind mit Moosen und Farn überwuchert, von Pflanzen und Steinen tropft ein Sprühregen stetig in zwei silberklare Teiche, die Luft ist gesättigt von Feuchtigkeit. Und da sich nur selten Sonnenstrahlen in den Caldeirão Verde verirren, ist es auch ziemlich kühl. Der Taleinschnitt liegt unterhalb der Nordflanke des **Pico Ruivo**. Auf dem gleichen Weg geht's dann wieder zurück nach Queimadas.

21 Casas das Queimadas und Caldeirão Verde

Ein tiefgrüner Urwald schmückt den Fuß des Pico Ruivo.

Etwa 5 km sind es von Santana auf einer schmalen Forststraße hinauf zu der ehemaligen Köhlersiedlung Casa das Queimadas. Sie liegt malerisch auf 900 m Höhe und ist umgeben von von einer immergrünen, mit zahlreichen Bächen und Wasserfällen gespeiste Landschaft – es wirkt, als stünde man im Regenwald. Die von Baumbart überwucherten Sträucher sehen aus wie geheimnisvolle Fabelgestalten, erst recht dann, wenn Regen und Nebel die Gegend mit undurchdringlichen grauen Schleiern überziehen.

Von Queimadas aus bieten sich verschiedene Wandermöglichkeiten an, unter anderem zum 7 km entfernten Wasserfall **Caldeirão Verde** – der Weg dorthin bietet prachtvolle Ausblicke über die Küste [s. S. 77].

22 Pico Ruivo

Das Dach Madeiras: Gipfelsturm auf den höchsten Berg der Insel.

»Rote Spitze« bedeutet Pico Ruivo übersetzt – ein sprechender Name für den höchsten Berg auf Madeira (1862 m) und die dritthöchste Erhebung Portugals. Der Pico Ruivo besteht vorwiegend aus Lavagestein, das rötlich in der Sonne leuchtet. Auf dem Gipfel wurde eine große Plattform mit einem Holzboden verbaut, die den Bergsteigern viel Platz zum Ausruhen und Picknicken bietet.

Dank gut ausgebauter Wege ist der Berg auch für ungeübte Wanderer leicht zu begehen. Vor allem zwei Touren sind beliebt: die kürzere und gemächlichste Wanderung startet etwa 7 km südlich von Santana am Parkplatz auf dem Hochplateau **Achada do Teixeira** und dauert hin und zurück knapp 2 Std. Die breite, weitgehend gepflasterte und gut ausgeschilderte Route verläuft die meiste Zeit

Feuchtigkeit liegt in der Luft: Stimmung auf der Levada do Caldeirão Verde

die zu schroffen Zacken erodierte Gipfelregion des Pico das Torres (1851 m) zur Linken und freie Sicht auf die Nordküste. Die zweite, anspruchsvollere Bergtour führt vom Pico do Arieiro [s. S. 101]., dem dritthöchsten Gipfel der Insel, bis auf den Pico Ruivo. Sie gilt als die Königstour von Madeira [s. S. 80].

🛈 Praktische Hinweise

Unterkunft

Rancho Madeirense, Pico das Pedras, Tel. 291 57 20 22. 15 individuelle, für die Santana-Region typische Häuser im Naturschutzgebiet. Guter Ausgangspunkt für die Pico-Ruivo-Wanderung.

23 Faial und Penha de Águia

Dörfer und Terrassenkulturen um den Adlerfelsen.

Hinter Santana beginnt ein Tunnel, der fast bis Porto da Cruz reicht. Schöner ist die Fahrt auf der 101 weiter hoch über dem Meer bis ins 6 km entfernte Faial. Dort passiert man zwei herrliche Aussichtspunkte, die besonders im Nachmittagslicht einen fantastischen Blick über Santana erlauben. Am ersten Miradouro lädt das Hotelrestaurant O Curtado [s. S. 76] zu einer kurzen Rast. Das anmutige Dorf

am Bergkamm entlang auf die Nordflanke des Pico Ruivo zu und bietet bei klarem Wetter einen herrlichen Blick auf

Im dichten Wald verborgen liegt die malerische Siedlung Casa das Queimadas

Vom Pico do Arieiro zum Pico Ruivo – die Königstour auf den höchsten Berg Madeiras

Auf den 1852 m hohen Pico Ruivo führt eine landschaftlich sehr aussichtsreiche Tour, für diese es eine gute Kondition und auch Schwindelfreiheit braucht. Der Wanderer startet vom Parkplatz des **Pico do Arieiro** auf 1800 m Meereshöhe (Anfahrt: R 103 zum Poiso-Pass, von dort weiter auf der R 202 zum Pico do Arieiro) und wandert für einen ersten Pano-ramablick zunächst die wenigen Stufen hoch bis zum 1818 m hohen Gipfel. Hier genießt man die großartige Aussicht ins Nonnental (Curral das Freiras), auf die Hochebene Paúl da Serra, den Pico das Torres (1851 m) und die Achada da Teixeira (1592 m) sowie eine Fernsicht bis nach São Lourenço. Am Schild mit der Aufschrift ›Pico Ruivo 7 km, Pico

Grandiose Bergpanoramen begleiten den Wanderer auf dem Weg zum Pico Ruivo

Ruivo 5,6 km‹ beginnt der 300 Höhenmeter lange Abstieg auf dem breiten und sehr gut abgesicherten Weg. Unterwegs geht es durch ein 100 m langes Tunnelstück des Pico Gato (1782 m) –Taschenlampe mitnehmen! Hinter dem Tunnel führen ca. 50 Basaltsteinstufen steil und mit Blick ins Nonnental bergab zu einem erneuten Wegweiser Richtung ›Pico Ruivo‹. Hier gabelt sich die Tour: Die leichtere und kürzere Variante führt nach links und durch vier kurze Tunnel, die anspruchsvollere nach rechts, mit steilen Aufstieg über viele Stufen und entlang der Felsen des Pico das Torres. Bei einem Tunnel kommen beide Wege wieder zusammen. Der weitere Anstieg auf den höchsten Gipfel Madeiras führt stetig auf und ab, ein Wäldchen spendet Schatten. Nach 3 Std. Wanderung (über die anspruchsvollere Variante) erreicht man die Berghütte **Casa de Abrigo**, die einzige Berghütte Madeiras, in der Getränke und auch Snacks verkauft werden. Von hier dauert die Wanderung noch eine halbe Stunde bis zum Holzplateau auf der Spitze des **Pico Ruivo**. Die Sicht ist atemberaubend: Im Westen schimmert die Hochebene Paúl da Serra, im Osten schlängelt sich die Halbinsel Ponta de São Lourenço ins Meer, im Nordosten ist Porto Santo im Atlantik auszumachen.

Wer nach dem Gipfelsturm kein Zelt bei der Schutzhütte aufschlagen will, muss zurück zum Ausgangspunkt: Der Weg über die leichte Variante zurück dauert noch einmal 2,5 Stunden, am Ziel hat man 722 Höhenmeter auf und ab und ca. 18 Kilometer bewältigt. Kenner empfehlen, in den frühen Morgenstunden loszugehen. Möglichst nicht während der Mittagshitze aufsteigen!

ℹ Praktische Hinweise

Essen & Trinken

Casa de Abrigo. Berghütte (1700 m) unter dem Gipfel des Pico Ruivo bietet Snacks und Getränke, aber keine Übernachtungsmöglichkeit.

Faial (1500 Einw.) ist umgeben von Rebterrassen und Obstgärten. Von einer Plattform oberhalb des Ortes bietet sich ein atemberaubendes Panorama: Am Penha de Águia vorbei sieht man bei klarem Wetter auf die felsige Halbinsel Ponta de São Lourenço.

Penha de Águia, der ›Adlerfels‹, bildet mit seiner steil zum Atlantik hin abfallenden Felswand eine der imposantesten Klippen Madeiras. Seinen Namen verdankt der kubische Bergklotz den früher hier nistenden Fischadlerpärchen. Heute herrscht am Strandbad zu seinen Füßen im Sommer ein lebhaftes Treiben. Wie eine Barriere liegt der Felsen vor dem Ausgang des breiten Tales, das drei von den Bergen herabfließende Flüsse, Ribeira Fria, Ribeira Seca und Ribeira da Metade, in die Nordküste gegraben haben. Die weite Ebene wird intensiv landwirtschaftlich genutzt und ist deshalb auch dicht besiedelt. Vom Weiler **Penha de Águia de Baixa** aus führt ein etwa einstündiger, kaum markierter und teils mit dichtem, dornigem Buschwerk bewachsener Weg auf den Gipfel des Adlerfelsens. Die Tour ist nur erfahrenen Wanderern zu empfehlen. Lohn des Aufstiegs ist ein faszinierender Blick über die Nordküste und nach Süden in die tief zerklüfteten Ausläufer des Zentralgebirges.

Die 101 umgeht nun serpentinenreich in einem großen Bogen die Penha de Águia. An Faial schließen sich die Orte São Roque de Faial und Porto da Cruz beinah nahtlos an, dazwischen leuchten die Feldterrassen je nach Jahreszeit in Grün oder Goldgelb: In der Region werden Wein, Obst und Gemüse angebaut, gelegentlich sieht man Zuckerrohr und Weiden für die Korbflechterei. Zwischen den Feldern stehen alte, teils verfallene Palheiros. Madeiras Kühe führen in diesen Unterständen ein eher freudloses Dasein. Da Weideland rar ist, bleiben sie fast das ganze Jahr in den Palheiros und werden mit Grünfutter versorgt.

Zur Weinlese im Herbst kann man in dieser Region noch Borracheiros sehen, als Lastenträger verkleidete junge Burschen, die frischen Most in Ziegenschläuchen, Borrachos, von den Weinbergen in den Ort bringen. Der Brauch erinnert an die Zeiten, als die Nordküste nur per Schiff erreichbar war und alle Waren entweder auf dem Seeweg oder auf beschwerlichen, steilen Pfaden durchs Inselinnere in die Hauptstadt transportiert werden mussten.

Fischerhäuser und ein Kirchlein: Porto da Cruz ist vom Tourismus noch wenig berührt

24 Porto da Cruz

*Kiesstrände im Schatten
des Adlerfelsens.*

An der Südostflanke des Adlerfelsens schmiegt sich das Dorf Porto da Cruz (3500 Einw.) an eine kleine Fels- und Kiesbucht. Mit seinen vom Ozean ausgewaschenen und mit Beton begradigten Meeresschwimmbecken, zwei hübsch gelegenen Pensionen und guten Restaurants ist dies ein ruhiger, beschaulicher Ort, der zu einigen Erholungstagen einlädt. Dominiert wird Porto da Cruz – benannt nach einem großen Kruzifix, das die ersten Bewohner am Meer aufgestellt haben sollen – von einer Ende der 50er-Jahre des 20. Jh. erbauten modernen, in strahlendem Weiß gehaltenen Kirche auf einer Plattform über dem Strand. Von ihrer Aussichtsterrasse schaut man hinunter auf die romantische Ruine einer alten Quinta im Schatten einer mächtigen Araukarie und auf die geschwungene Kiesbucht, die nach Osten zu von senkrecht aus der See emporwachsenden Felswänden begrenzt wird.

Am Strand erhebt sich der runde Schlot der Zuckerfabrik, die jeweils im Mai nach der Zuckerrohrernte in Betrieb genommen wird. In den schmalen Gassen um die Kirche ducken sich noch einige ältere, vom Zahn der Zeit gezeichnete

Häuschen zwischen schmucke Neubauten. Die attraktive Badeanlage **Praia da Lagoa** mit Meeresschwimmbecken, Strandcafé und Restaurant (Tel. 291 56 32 27) lockt im Sommer viele Einheimische zum Baden an die Nordküste. Prägen nach Westen und Süden die grünen, terrassierten Hänge vor allem das Bild der Landschaft, geht die Küste nach Osten zu in das kahle, grauschwarze Gestein der Halbinsel Ponta de São Lourenço über.

Ausflug

Von Porto da Cruz führt die Straße 102 durch das wildromantische Inselinnere und über Camacha an die Südküste. Nur 5 km sind es auf diesem Weg zum **Paso de Portela** mit einem der spektakulärsten Miradouros der Insel: Von hier aus sieht man weit über die Nordküste, erkennt den Adlerfelsen und sogar die weißen Häuschen von Faial und Porto da Cruz. In der aromatisch duftenden, kühlen Waldluft kann man auf der Terrasse des Ausflugsrestaurants **Miradouro da Portela** (Tel. 291 96 61 69) eine frisch gegrillte *Espetada* genießen.

ℹ️ Praktische Hinweise

Öffentliche Verkehrsmittel
Busse 56, 103 und 133 von
Santana und Funchal

Hotels

****Quinta da Capela**, bei Porto da Cruz, Tel. 291 56 24 91, www.madeirarural.com. Luxuriöse Herberge in einem alten Herrenhaus oberhalb von Porto da Cruz. Geschmackvoll ausgestattete Zimmer, ungehinderter Meer- und Gebirgsblick und absolute Ruhe haben ihren Preis.

***Costa Linda**, Sítio das Casas Próximas, Tel. 291 56 00 80, www.costa-linda.net.

Empfehlenswerte Pension am Strand mit Restaurant. Idealer Ausgangspunkt für Ausflüge und Wanderungen in die umliegende Region.

Restaurant

Snack Bar A Pipa, Casa Proximas, Porto da Cruz, Tel. 968 52 74 00. Kleine und leckere Gerichte, gut für eine Mittagspause geeignet.

Typisch Madeira: Abtauchen im Meeresschwimmbecken, hier in der Bucht von Porto da Cruz

Im Südosten – ein herbes Paradies

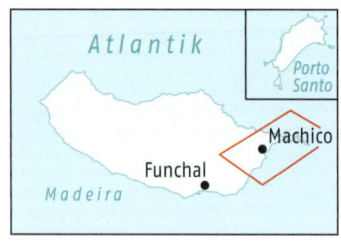

Ab Porto da Cruz ist die nordöstliche Küste so steil und unwegsam, dass sie bislang nicht mit Straßen erschlossen wurde. Nur Fußpfade führen an ihr entlang. Die Verbindung zwischen Nord- und Südostteil Madeiras führt deshalb durch das Inselinnere: Über die mit Eukalyptus und Kiefern dicht bewachsene Hochebene um den Ort **Santo António da Serra** mit seinen alten Quintas oder durch den neuen Tunnel geht es nach **Machico**. Wo Zarco und seine Getreuen das erste Mal den Boden Madeiras betraten, breitet sich ein lebhaftes, hübsches Städtchen aus. **Caniçal** im Osten am Beginn der windumtosten Halbinsel **Ponta de São Lourenço** steht heute im Zeichen einer Freihandelszone, während hier noch vor 25 Jahren Pottwale gejagt und verarbeitet wurden. Auch **Santa Cruz** auf dem Weg nach Funchal ist von der wirtschaftlichen Entwicklung Madeiras geprägt. Über dem Fischerort schweben die Jets auf die Landebahn des Flughafens **Santa Catarina** ein, die auf hohen Betonstelzen über dem Meer verlängert wurde.

25 Santo António da Serra

Grüne Sommerfrische mit kolonialem Charme.

Die zweite Hochebene Madeiras, **Santo da Serra**, ist wesentlich kleiner als die Paúl da Serra [Nr.33] im Westen und im Gegensatz zu ihr mit dichterer Vegetation gesegnet. Eukalyptus und Kiefern schwängern die stets kühle Luft auf 700 m Höhe mit aromatischem Duft, zwischen den Wäldern liegen große Weideflächen für Rinder und Schweine.

Der Hauptort, Santo António da Serra (2000 Einw.), liegt in diese Landschaft eingebettet auf 675 m Höhe. Am Straßenrand blühen hellblaue und rosa Hortensien, und immer wieder führen schmiedeeiserne Tore zu hinter Bäumen verborgenen Quintas, die sich vor allem britische Händler aus Funchal ab dem 18. Jh. als Sommerwohnsitze haben erbauen lassen. Das Dorf selbst macht einen recht verschlafenen Eindruck. Die dem hl. Antonius geweihte Kirche beherrscht das Ortszentrum. Nicht weit davon entfernt führt ein Portal zur Quinta de Santo da Serra der Blandy-Familie. Der Garten mit seinem alten Baumbestand, darunter den zwischen Mai und Juli hellrosa und weiß

blühenden, mächtigen Magnolien, dient heute als Freizeitpark.

Vom Aussichtspunkt Miradouro dos Ingleses reicht die Sicht bis über die Hügel hinunter auf die Halbinsel Ponta

Golfturnier vor dem einzigartigen Panorama von Santo António da Serra

de São Lourenço. Dieser ›Ausguck‹ war einer der Lieblingsplätze des alten John Blandy, der die Händlerdynastie begründete, denn von hier konnte er beobachten, wie seine mit Waren beladenen Schiffe heimkehrten.

An den Wochenenden kommen viele Bewohner Funchals nach Santo, um im Park zu picknicken, die kühle Luft zu genießen oder einzuputten. Ganz in der Nähe liegt nämlich der älteste Golfplatz Madeiras. Ursprünglich als 9-Loch-Platz konzipiert, wurde er vor einigen Jahren auf 27 Loch erweitert. Man spielt mit fantastischem Blick über die Südostküste.

ℹ️ Praktische Hinweise

Öffentliche Verkehrsmittel

Bus Nr. 77 von Funchal aus(mehrmals täglich). Keine direkte Verbindung ab Porto da Cruz oder Faial.

Sport

Clube de Golf do Santo da Serra, Tel. 291 55 01 00, www.santodaserragolf. com. 27-Loch-Parcours in dramatisch-schöner Aussichtslage über dem Meer. Neben Klubmitgliedern sind auch Gäste willkommen. Ausrüstung kann geliehen werden.

Hotels

******Porto Bay Serra Golf**, Sítio dos Casais Próximos, Santo António da Serra, Tel. 291 55 05 50, www.portobay. com. Wunderschöne, geschmackvolle Anlage nicht weit entfernt vom Golfplatz am Ortsrand von Santo. Die ursprüngliche Pousada da Serra wurde durch Um- und Anbauten in eines der reizvollsten Hotels Madeiras verwandelt. Wer nach dem Golfplatz noch Lust auf eine Runde Schwimmen hat, kann dies im dazugehörigen Hallenbad tun.

A Quinta, Casais Próximos, Santo António da Serra, Tel. 291 55 00 30, www. estalagemaquinta.com. Hübsches Mittelklassehotel mit rustikaler Einrichtung und liebevoll angelegtem Garten.

***Quinta do Pântano**, Casais Próximos, Santo António da Serra, Tel. 291 55 25 57, www.quintadopantano.com. Familienpension mit modern ausgestatteten Zimmern.

Restaurants

A Quinta, Casais Próximos, Santo António da Serra, Tel. 291 55 00 30. Madeira-Spezialitäten wie *Espetada* und Tomatensuppe kann man am prasselnden Feuer des offenen Kamins genießen.

Casa dos Cavalos, Sítio da Lagoa, Santo Antónioda Serra, Tel. 291 55 20 55, www. quintadesaojorge.com. Das Restaurant des Reitzentrums serviert gute und bodenständige Küche in eleganter-rustikaler Atmosphäre.

26 Machico

Wo Zarco seinen Fuß auf die jungfräuliche Insel setzte.

Mit seinen knapp 13 000 Einwohnern ist Machico, das an einer geschützten, tiefen Bucht liegt, nach Funchal und Câmara de Lobos die drittgrößte Stadt Madeiras. Für einige Jahrzehnte war Machico Hauptstadt des Inselnordosten – als aber Funchal zur alleinigen Inselhauptstadt erklärt wurde, verfiel der Ort in einen Dornröschenschlaf, aus dem er erst allmählich wieder erwacht ist.

Heute fällt Machico mit seinem modernen Jachthafen auf sowie durch sein Hinterland, in dem intensiv Obst- und Weinanbau betrieben wird. Denn das von mehreren Ribeiras geschaffene Tal von Machico ist breit und gut bewässert. Die inmitten der Felder liegenden weißen Gehöfte mit ihren roten Ziegeldächern setzen Akzente im grünen Landschaftsbild. Die Häuser sind an allen, mit fast chinesisch anmutendem Schwung auslaufenden Ecken der Dachfirste mit Ton-

Machico: Im Tal des gleichnamigen Flusses liegt Madeiras drittgrößte Stadt

figuren geschmückt, meist Tauben, gelegentlich auch puttenähnlichen Gestalten oder Pyramiden. Diese traditionelle Dekoration soll den Bewohnern Fruchtbarkeit und Frieden sichern.

Geschichte João Gonçalves Zarco und seine Mannen setzten 1419 in der Bucht von Machico Anker und betraten hier erstmals madeirensischen Boden – allein deshalb ist Machico von besonderer Bedeutung. Als Heinrich der Seefahrer nach dem Tod König Joãos I. 1433 die Befehlsgewalt über Madeira und Porto Santo erhielt, verteilte er das Land an seine drei verdienten Kapitäne. Tristão Vaz Teixeira wurde am 8. Mai 1440 in Machico eingesetzt, Garça Perestrelo zog am 1. November 1444 nach Porto Santo, und João Gonçalves Zarco erhielt am 1 November 1450 die Südwesthälfte Madeiras, die er von Funchal aus verwaltete. Die Kapitäne besaßen weitreichende Vollmachten: Sie konnten Steuern auf Land, Zuckermühlen, Backöfen und Salz erheben und sie durften brachliegende Böden nach eigenem Ermessen an Gutsherrn zur Nutzung übergeben. Machico entwickelte sich schon bald zu einem Zentrum des Zuckerrohranbaus, konnte aber mit der Metropole Funchal nicht konkurrieren, wo die für das Zuckerrohr geeignetsten Böden lagen: 1494 stammte nur ein Fünftel der Ernte aus dem Legatsgebiet Machico.

Als die portugiesische Krone 1497 Madeira direkt dem König unterstellte, hatte Funchal die Konkurrentin längst wirtschaftlich überholt. Die folgenden Jahrhunderte bescherten der Stadt abgesehen von einigen Piratenüberfällen keine größeren Ereignisse. Mitte des 20. Jh. wurde mit dem Bau einer Thunfischkonservenfabrik versucht, neue Arbeitsplätze in Machico zu schaffen. Daraus ist nichts geworden, wie die Fabrikruinen am Ortsrand bezeugen.

Der Jachthafen mit Cafés und Restaurant scheint nun wieder frischen Wind in die Stadt zu bringen. An den Sommerwochenenden herrscht rund um die Kais reges Treiben. Schön ist der neue, helle Sandstrand innerhalb einer Schutzmole, der zum Baden einlädt.

Besichtigung Machico besteht aus zwei Stadtteilen links und rechts der Ribeira da Machico. **Banda d'Além** im Osten ist das älteste Siedlungsgebiet an der Bucht. Niedrige Fischerhäuschen und eine hübsche Parkanlage vor der Capela do Senhor dos Milagres lassen dieses Viertel sehr idyllisch und nostalgisch wirken. Einige Pensionäre vertreiben sich die Zeit mit Dominospielen im Park, und bäuerlich gekleidete Frauen holen Brot in der kleinen Bäckerei. Die **Capela do Senhor dos Milagres** ❶ zählt zu den ältesten Sakralbauten Madeiras. Ein erstes Gotteshaus wurde kurz nach der offiziellen Entdeckung im 15. Jh. errichtet und nach einem Brand im 16. Jh. weitgehend erneuert. Aufgrund seiner exponierten Lage wurde es im 19. und 20. Jh. Opfer zweier Überschwemmungen und zuletzt 1957 wieder aufgebaut. An den ursprünglichen Bau erinnern heute noch das manuelinische Portal mit seinem elegant reliefierten Bogen und das Kreuz des Christusordens am Dachgiebel. ›Wunderkapelle‹ wurde sie deshalb genannt, weil bei der Überschwemmung 1803 ein Holzkruzifix mit den Fluten aufs offene Meer hinausgetrieben und drei Tage später von einem Fischer unbeschädigt geborgen wurde. Dieses Ereignis feiert man in Machico am 8. und 9. Oktober mit einem großen Fest, bei dem die Bewohner des Ortes in einer nächtlichen Fackelprozession zur Kapelle ziehen.

Folgt man der Ribeira da Machico von der Kapelle weiter in Richtung Jachtha-fen, stößt man auf das niedrige, eher einem Wohnhaus ähnelnde **Forte de São João Baptista** ❷ aus dem Jahr 1708. Zusammen mit zwei weiteren Festungen [s. S. 90 f.] stellte es ein sehr effektives Schutzsystem gegen Piraten dar. Die Verteidigungsanlagen standen durch Signalfeuer miteinander in Verbindung.

Nahe der ›Wunderkapelle‹ führt eine Brücke über die Ribeira da Machico. Weiter geht es zum dreieckigen platanenbestandenen *Largo da Município*. Linker Hand erstrahlt die 1919 errichtete gut erhaltene **Câmara Municipal** ❸ in weißem Glanz. Ein Geschenk König Manuels I. aus dem Jahr 1499 schmückt heute das Stadtwappen Machicos über dem Eingang des Rathauses: eine goldene Armillarsphäre, die als astronomisches Instrument zur Kursbestimmung auf Schiffen überaus wichtig war. Schräg gegenüber hinter einer baumbestandenen Parkanlage steht **Nossa Senhora da Conceição** ❹. Auch sie stammt aus dem 15. Jh. und wurde von Branca Teixeira, der Ehefrau des Legatskapitäns, gestiftet. Sehenswert ist das Hauptportal der Kirche, dessen Bogenreliefs bizarre Fratzen aufweisen. Das manuelinische Zwillingsportal an der dem Platz zugewandten Seite der Pfarrkirche gilt als eines der Meisterwerke jener Epoche: Elegant schwingt sich der aus dunklen Steinen gearbeitete Spitzbogen über zwei kleinere, von weißen Marmorsäulen getragene Bögen. Die Säulen sowie einige Kunstwerke und die Orgel im Inneren des Gotteshauses sind

Capela do Senhor dos Milagres: Die ›Wunderkapelle‹ hat schon vieles erlebt und überstanden

Nossa Senhora da Conceição: Hier soll Tristão Vaz Teixeira begraben liegen

Schenkungen König Manuels an Machico. Ein besonders wertvolles Stück, das Gemälde ›Anbetung der Heiligen Drei Könige‹ (16. Jh.) von Vasco Fernandes, kann man heute im Museu de Arte Sacra in Funchal bewundern [s. S. 23]. Das São João Baptista geweihte Seitenschiff soll die Grabstätten der Teixeiras beherbergen. Das Familienwappen und einige Waffen des Legatskapitäns bezeichnen die Stelle – ob sich dort wirklich Teixeiras Grab befindet, ist allerdings noch umstritten. Obgleich auch diese Kirche umfassend barockisiert wurde, lassen beispielsweise die Spitzbögen der Kirchenfenster noch die gotischen Bauformen erkennen.

Verlässt man die Kirche durch das Zwillingsportal, so sieht man sich dem 1972 errichteten **Monumento do Tristão Vaz Teixeira** ❺ gegenüber. Es hat lange gedauert, bis Machico dem Legatskapitän, der von Machico aus den Ostteil Madeiras regierte, ein Denkmal gesetzt hat. Vielleicht, weil Teixeira eine beinah königliche Hofhaltung und eine unersättliche Geldgier nachgesagt werden.

In den schmalen, von niedrigen Häusern gesäumten Straßen, die vom Platz weg zum Meer führen, liegen winzige Geschäfte, die alles verkaufen, was im madeirensischen Alltag gebraucht wird. Einige Ladenbesitzer haben darüber hinaus auch die typischen Madeirasouvenirs wie Stickereien und Wein im Sortiment. An der küstennahen **Praça do Peixe** ❻ wird vormittags Fischmarkt abgehalten. Die Lota genannten Markthallen, in denen früher der Fisch versteigert wurde, dienen heute als Büros und Jugendzentrum.

Überquert man die breite *Rua do Mercado*, erreicht man die zweite kleine Festung Machicos, das **Forte de Nossa Senhora do Amparo** ❼. Der dreieckige Bau liegt direkt am Meer. Von seinen Wehrmauern aus konnten die Kanonen im Falle von Piratenangriffen beide Seiten der Bucht bestreichen. Im Fort residiert heute die Touristeninformation, daneben gibt es eine kleine Galerie, die Wechselausstellungen mit Werken in- und ausländischer Künstler zeigt.

Nur die Ruhe: Das Leben plätschert ruhig dahin im Jachthafen von Machico

Zu Füßen der Festung erstreckt sich die schöne Uferpromenade Caminho de São Roque, und dahinter liegt der aus großen Kieselsteinen bestehende Strand **Praia de São Roque** ❽. Da die Praia einer der wenigen natürlichen Badeplätze Madeiras ist, wurde sie touristisch erschlossen, und zwar in Gestalt des Hochhaus-Hotelkomplexes **Dom Pedro Baia** ❾ und des postmodernen **Forums**, in dem eine Bibliothek, ein Kino, ein Parkhaus und ein angenehmes Restaurant untergebracht sind. Dem Hotelbau musste Machicos drittes und ältestes Fort (17. Jh.) weichen. Der Uferpromenade folgend gelangt man zur **Capela de São Roque** ❿, 1489 für den Schutzheiligen errichtet, der besonders in Pestzeiten verehrt wurde. Aus der Zeit des Neubaus (1739) stammen die schönen Azulejos im Inneren, die vom Leben und Wirken des hl. Rochus erzählen.

Wirtschaft, Traditionen und Geschichte der Gemeinde Machico beleuchtet die kleine Ausstellung im **Museu Solar do Ribeirinho** ⓫. (Rua do Ribeirinho 15, Tel. 291 96 41 18, Di–Fr 10–12.30, 14–17.30, Sa 10–13 Uhr). Hier ist auch die Touristeninformation untergebracht. Wer der Schule für Madeirastickerei einen Besuch abstat-

Postmoderne am Strand: Das Forum von Machico liegt direkt an der Promenade

ten möchte, kehre auf die Hauptstraße (ER 101) zurück und halte sich rechts in Richtung Portela. Linker Hand sieht man dann ein altes Haus mit dem Schild **Casa das Bordadeiras de Machico** ⓬. Gestickt wird hier zwar nur einige Monate im Jahr, aber die Arbeiten aus der Region stehen jederzeit – teils zu günstigeren Preisen als in den Souvenirshops von Funchal – zum Verkauf.

ℹ️ Praktische Hinweise

Information
Touristeninformation,
Rua do Ribeirinho 15,
Tel. 291 62 41 18.

Öffentliche Verkehrsmittel
Bus Nr. 23, 78, 113, 156 von Funchal aus

Einkaufen
Casa das Bordadeiras de Machico,
an der ER 101 in Richtung Portela,
Sítio da Pontinha, Tel. 291 96 66 55.
Madeirastickereien mit den verschie-

densten Motiven in allen Farben und Größen lagern sorgfältig geordnet in den Holzregalen der Schule.

Tauchen

Anthia Diving Center, Hotel Dom Pedro Baia, Caminho de São Roque, Machico, Tel. 291 96 95 00, Gut ausgestattete Tauchschule mit Kursen, Ausrüstungsverleih und geführten Tauchgängen entlang der Küste.

Hotels

***White Waters**, Praceta 25 de Abril 34, Machico, Tel. 291 96 93 80, www.white waters-madeira.com. Das komfortable, supermoderne Haus im Stadtzentrum besticht nicht nur durch die schicke Einrichtung sondern auch durch den familiären Empfang.

Residencial Amparo, Rua da Amargura, Machico, Tel. 291 96 81 20, www.amparohotel.com. Die familiär geführte, moderne Pension mit 12 Zimmern und Restaurant liegt im Ortszentrum unweit des Amparo-Forts.

Spaziergang auf den Fackelberg

Eine halbe Stunde Fußmarsch führt hinauf zum **Pico do Facho**, von dessen 322 m hoher Kuppe man nach Süden einen überragenden Blick auf die Bucht von Machico hat. Start der Tour ist die Straße in Richtung Caniçal: Vor dem Tunnel [s. S. 92] führt ein schmaler Weg hinauf (auch mit Auto befahrbar). An guten Tagen reicht der Blick von hier oben über die Bucht von Machico bis hinüber zu den mächtigen Felsklippen der Halbinsel São Lourenço im Osten, zu der der Küste vorgelagerten Ilhas Desertas und weiter nach Westen über Machico und Santa Cruz bis zur über dem Meer schwebenden Landebahn des Flughafens Santa Catarina. Der ›Fackelberg‹ hat seinen Namen übrigens von den Holzfeuern, die dort früher zur Warnung vor Piraten entzündet wurden.

**Residencial O Facho, Praceta 25 de Abril, Machico, Tel. 291 96 27 86. Zentral gelegene Pension mit moderner Ausstattung.

Restaurants

Lily's, Estrada Dom Maniel I. 170, Machico, Tel. 291 66 67 87, www.restaurantelilys. com. Gediegene Fisch- und Fleischküche in unprätentiösem Ambiente. Freundliche Bedienung, die gerne mit einem Speisekarten-Rat zur Seite steht; etwas landeinwärts gelegen.

Marisqueria Maré Alta, Passeio Maritimo de Machico, Tel. 291 60 71 26. Modernes Ambiente und der unverstellte Blick aufs Meer bilden den Rahmen für ein Abendessen mit fangfrischem, köstlich zubereitetem Fisch.

Marisqueria O Pescador, Caminho do Cais, Machico, Tel. 291 96 60 22. Einfache und rustikale, dabei aber sehr schmackhafte Fischküche.

Mercado Velho, Mercado Velho, Machico, Tel. 291 96 59 26. Nirgends in Machico sitzt man so idyllisch wie in diesem schattigen Café-Restaurant, das im alten Marktgebäude residiert. Das Essen ist durchschnittlich, aber das kann der entspannten Stimmung unter alten Jacaranda-Bäumen keinen Abbruch tun.

27 Caniçal

Auf den Spuren der Walfänger.

Entlang der Ribeira do Machico kurvt die ER 214 den Hang hinauf, wendet sich dann nach Osten in Richtung Caniçal und durchquert den nächsten Bergrücken in einem 750 m langen Tunnel. Der landschaftliche Kontrast könnte nicht größer sein! Das Grün Machicos weicht dem dunklen Grau einer felsigen Landschaft, die mit Farnkraut und Erika bewachsen ist. Caniçal, das sich 9 km östlich von Machico am Beginn der Landzunge São Lourenço an eine Bucht schmiegt, war bis 1956 nur per Boot oder auf einem Schwindel erregenden Fußpfad zu erreichen, der heute als Wanderweg dient. Dank des Tunnels wurde der Fischerort mit seinen heute knapp 2000 Einw. an das Straßennetz Madeiras angeschlossen. Ein Windpark versorgt die regenarme, dafür aber windumtoste Region mit Energie.

Caniçal war ab 1945 Madeiras **Walfangzentrum**. Doch damit war es zu Ende, als Portugal 1981 das Washingtoner Artenschutzabkommen unterzeichnete, das u. a. die Jagd auf Pottwale verbietet. Einen neuen Arbeitsmarkt hatten sich die Behörden der Insel mit der Einrichtung einer Freihandelszone erhofft. Die Erwartungen schienen sich zu erfüllen, als sich

Kaum zu glauben: Bis 1981 wurden solche Pottwale von winzigen Holzbooten gejagt

Walfang-Vergangenheit

Eine Vielzahl ständig stationierter **Wachposten** auf den Hängen über Caniçal sorgte dafür, dass die Fischer sofort informiert waren, wenn ein Wal in den Gewässern vor Madeira gesichtet wurde. Mit dem lauten Ruf »**Baleio, Baleio**« gaben die Wachmänner Alarm oder schossen Feuerwerksraketen ab, um die Fischer aus der Lethargie ihres tage- und wochenlangen Wartens zu reißen.

Von einem betonierten Kai aus ließ man mittels Winden die traditionellen **Holzboote** (Canoas) zu Wasser, die anschließend vom einzigen Motorschiff des Ortes aufs Meer hinausgezogen wurden. Der Rest war Warten auf die weißen Dampfkringel, die irgendwo in der eisblauen See anzeigten, dass ein Wal zum Atemholen an die Wasseroberfläche kam. Dann musste beim Fang alles blitzschnell gehen, denn das Tier blieb nur wenige Minuten an der Wasseroberfläche.

Der Kampf mit den bis zu 20 m langen Kolossen wurde mit einfachsten Mitteln ausgetragen, mit von Hand geschleuderten **Harpunen**, die mittels eines Seils am Boot befestigt waren. Sobald der Wal am ›Haken‹ hing, versuchte er durch Abtauchen zu entkommen, das Boot in rasender Fahrt hinter sich her ziehend.

Wie kritisch diese Situation sein konnte, schilderte 1969 der französische Arzt und Walfänger **Jacques Soulaire** in einem Artikel: »… die Leine entrollt sich so rasend schnell, dass man sie mit Wasser bespritzen muss, damit sie nicht Feuer fängt. Die Schlingen zischen wie Schlangen aus dem Zuber. Vom Bug saust das Kabel hinab, gespannt, vibrierend, in die Tiefe gerissen. (…) Unser Boot zischt davon – der Wal zieht uns mit der ganzen Kraft seiner Angst hinter sich her.« Irgendwann verließ den Wal die Kraft. Dann traten die **Truncadores** in Aktion und schleuderten ihre Lanzen immer wieder auf das Tier, bis es kläglich verendete. Anschließend wurde der Koloss an Land gezogen und verarbeitet.

mehrere Internetprovider, vom niedrigen Mehrwertsteuersatz angelockt, hier niederließen. Doch als Portugal die Steuern erhöhte, verschwanden die Dienstleistungsfirmen wieder. Heute ist der Ort mit seinem Industriehafen und den dazugehörigen Anlagen ein wichtiger Arbeitgeber im Osten der Insel. Einer der erhofften touristischen Glanzpunkte der Region ist das künstlich angelegte Fischerdorf auf dem Weg nach Ponta de São Lourenço, die **Quinta do Lorde** – eine Apartmentanlage mit Hotel, Restaurant, Läden, Jachthafen für 300 Clipper und einer neu gebauten Kirche. Aus der Ferne wirkt die ganze Anlage durchaus authentisch, wenn man sich ihr nähert wird sie zum potemkinschen Dorf, besonders weil außerhalb der Sommerferien nur wenige Gäste anreisen.

Caniçal besitzt ein didaktisch hervorragend aufbereitetes **Museu da Baleia** (Tel. 291 96 18 58, www.museu dabaleia.com, Di–So 11–18 Uhr) am westlichen Ortsrand. Es widmet sich der Geschichte des Walfangs, der etwas mehr als 40 Jahre die Familien von Caniçal ernährte. Erst ab 1945 begannen die Fischer Madeiras unter Anleitung ihrer erfahrenen Kollegen von den Azoren, **Pottwale** zu jagen. Jährlich wurden etwa 200 Tiere erlegt und verarbeitet. Knapp 4000 kg Öl und Tran lieferte ein Wal. Diese

TOP TIPP

wachsartige Substanz diente in der Kosmetikindustrie schon bald als Grundlage für Cremes und Schminken, das Fleisch des Wals diente den Menschen als Nahrung, aus seinen mächtigen Knochen stellte man Zaunpfosten her oder verarbeitete sie zu Düngemittel und Viehfutter. All dies dokumentiert das moderne Ausstellungshaus von Caniçal sehr anschaulich, und wer das blutige Spektakel nicht scheut, kann sich auch einen interessanten Film über den Walfang ansehen.

Vor dem Museum bieten Händler gelegentlich aus Walknochen geschnitzte

Erstarrte Lava formte diese bizarren Felsformationen vor Ponta de São Lourenço

Vulkanischen Ursprungs: Felsklippen auf der Halbinsel Ponta de São Lourenço

Souvenirs an. Ob das Material tatsächlich vom Wal stammt, sei dahingestellt. Seit dem letzten Walfang sind schließlich bereits Jahrzehnte vergangen. Wer sich dennoch ein beinernes Segelschiff oder einen aus Knochen geschnitzten Anhänger kaufen möchte, findet hier eine große Auswahl. Wenn Pottwale heute zwischen August und November die Südküste Madeiras passieren, droht ihnen keine Gefahr mehr. Sie sehen sich höchstens mit *Ausflugsbooten* konfrontiert, die versuchen, die Touristen möglichst nahe an die majestätischen Meeressäuger heranzuschippern.

ℹ️ Praktische Hinweise

Öffentliche Verkehrsmittel
Bus Nr. 113 von Funchal aus
(alle 60 Min., Fahrzeit ca. 75 Min.)

Restaurants
Amarelo, Banda Além, Caniçal, Tel. 291 96 17 98. Die ehemalige Hafenkneipe hat sich in ein schickes Speiserestaurant verwandelt, die Küche aber ist immer noch die gleiche: Die kleinen Fische *Castanhetas* sind eine Delikatesse, und die Napfschnecken (*Lapas*) werden delikat mit Knoblauch angerichtet. Und natürlich gibt es auch Thunfisch und dazu prickelnden *Vinho verde*.

Cabrestante, Serrado da Igreja, Caniçal, Tel. 291 605 022. Nettes Restaurant mit großer Auswahl leichter Gerichte wie Salate, Omeletts und Fisch.

28 Ponta de São Lourenço

Naturerlebnis an der windumtosten Ostspitze Madeiras.

Etwa 5 km sind es von Caniçal hinaus auf die Halbinsel Ponta de São Lourenço, die wie ein mehrfach gekrümmter Felsenfinger aussieht. Der südöstlichste Zipfel Madeiras ist karg, windig, die Pflanzen werden nur von der salzhaltigen Gischt des anbrandenden Atlantik benetzt. Entsprechend karg präsentiert sich die Vegetation: Kahle Kuppen prägen die Ostspitze Madeiras, und bizarr geformte Felsen steigen aus dem tosenden Meer auf.

Schmale Pfade führen zur östlichen Inselspitze – die Aussicht ist rundum atemberaubend

Entlang des Ostkaps: die Ponta de São Lourenço

Einzigartige Ausblicke garantiert: Die etwa dreistündige Wanderung (7 km) zur östlichen Inselspitze (und zurück) eröffnet nach jeder Wegbiegung andere Perspektiven auf die Landschaft. Die Tour beginnt am Wanderparkplatz am Ende der Straße ER 109, der Weg ist deutlich erkennbar markiert. Nach weniger als 1 km ist ein erster Aussichtspunkt erreicht – bei guter Sicht kann man von hier bis nach Santana an der Nordküste blicken. Wer baden mag, findet hier außerdem eine einsame Bucht mit Kiesstrand.

Zurück auf dem Hauptweg folgt bald ein zweiter Aussichtspunkt – darunter brandet das Meer an Felsnadeln aus erstarrter Lava. Jetzt schlängelt sich der Pfad hin zur schmalsten Stelle, der Landzunge Ponta de São Lourenço. Am Grat ist der Weg auf beiden Seiten gut abgesichert. An der nächsten Abzweigung links gehen – auf dem rechten Weg kommen wir später zurück. In einem großen Bogen geht es nun weiter zum Naturparkwächterhaus Casa Sardinha und von hier aus entweder auf die höchste Erhebung der Halbinsel (176 m) oder bergab zu einer Steinstrandbucht mit erneuter Bademöglichkeit.

Zum Schluss geht es wieder den Hauptweg hinauf, links zurück zur erwähnten Kreuzung und von hier aus auf bekanntem Weg zum Parkplatz.

Im Frühjahr überzieht ein Blütenteppich die Küstenlandschaft, der die harten Kontraste der von vielfarbigem, zwischen Rostrot und Tiefschwarz changierendem Fels geprägten Landschaft mildern.

29 Santa Cruz

Manuelinische Kunst in einer der ältesten Siedlungen der Insel.

Wie das knapp 7 km entfernte Machico rühmt sich auch Santa Cruz (7000 Einw.), eine der ältesten Siedlungen Madeiras zu sein. Es heißt, der Inselentdecker Zarco sei hier kurz nach seiner Landung in Machico bei einer Erkundungsfahrt entlang der Küste von einem Sturm an Land verschlagen worden. Zum Dank für seine Rettung aus Seenot habe er ein Kreuz in der Bucht aufgestellt, dem Santa Cruz seinen Namen verdankt.

Da sich die relativ flache Landschaft um Santa Cruz ideal für den Anbau von Zuckerrohr eignet, ist es ziemlich wahrscheinlich, dass bereits die ersten Siedler damit begannen. Heute erstrecken sich die Gemüsefelder und Obstpflanzungen, zwischen denen vereinzelt Häuser stehen, bis weit nach Nordwesten ins Inselinnere unter die Hochebene Santo da Serra [s. S. 85]. Der Ortskern von Santa Cruz mit seinen niedrigen Häusern liegt zwischen der zur Autobahn ausgebauten Küstenstraße und dem Meer. Direkt an dieser Schnellstraße beginnt der hübsche Stadtpark. Daneben stehen das **Municí-pio** aus dem 16. Jh. mit manuelinischem Dekor aus dunklem Basalt und das **Tribu-nal** (Gerichtsgebäude) mit einer sehr schönen Freitreppe, die in einem eleganten Schwung zum Eingang hinaufführt.

TOP TIPP ▶ Das Herz der Siedlung aber ist die dreischiffige Kirche **São Salvador** aus dem Jahr 1533. Die nach der Sé zweitgrößte Pfarrkirche der Insel präsentiert sich mit einem eigenwilligen sechseckigen Turmaufsatz und einer zinnenähnlichen Dachumrahmung aus fast schwarzen Steinkreuzen. Sehenswert im Inneren ist neben den gotischen Gewölbebögen ein manuelinisches Zwillingsportal aus dunklem Basaltstein in einer Seitenkapelle und der noch erhaltene Reliefschmuck an der Decke über dem Altar. Wenn die Sakristei geöffnet ist, kann man die hier aufbewahrten hispanomaurischen Kacheln aus dem 16. Jh. bewundern. Sie zählen zu den ältesten Beispielen der Azulejo-Kunst auf Madeira.

Durch schmale Gassen geht es von der Kirche in Richtung Strand. Viele Straßen sind verkehrsberuhigt, die Häuser frisch getüncht und mit schmiedeeisernen Blumenampeln geschmückt, in denen rote Geranien blühen. Ein Idyll ist die hübsche Praceta Padre Gabriel Olavo Garcês, an der sich mehrere Straßencafés den Platz unter den Bäumen teilen. Attraktion ist im Osten des Strandes die

Ob Surfkurs oder Brettverleih – in Santa Cruz ist man den Sportlern gerne behilflich

Badeanlage Praia das Palmeiras mit ihrem Ozeanpool. Palmen und Drachenbäume säumen die Bucht, die sich mit sehr großen Kieselsteinen präsentiert.

Bei einem Besuch des Mercado Municipal kann man sich vom Obst- und Gemüsereichtum der Insel überzeugen: Die Markthalle wirkt mit ihren modernen Azulejo-Wandbildern und dem fein säuberlich aufgebauten Warenangebot ungemein einladend.

Die ruhige, freundliche Atmosphäre von Santa Cruz böte einen idealen Urlaubsrahmen – wäre da nicht der *Flughafen Santa Catarina*, in dessen Einflugschneise der Ort liegt. Es gibt Tage, an denen ein Flugzeug ums andere in atemberaubendem Tiefflug über Santa Cruz in Richtung Landebahn einschwenkt.

ℹ Praktische Hinweise

Hotel

*******Albatroz Beach & Yacht Club**, Quinta Dr. Américo Durão, Sitio da Terça, Santa Cruz, Tel. 291 52 02 90, www.albatroz hotel.com. Die moderne Hotelanlage mit traumhaftem Pool thront auf Felsen über dem Meer.

******Vila Galé Santa Cruz**, Rua de São Fernando, Santa Cruz, Tel. 291 52 90 00, www.vilagale.pt. Strandhotel mit großem Sportangebot.

Eine Augenweide: Die 1533 erbaute Kirche São Salvador steht im Herzen von Santa Cruz

Das Inselinnere –
Felszacken, Quellen und ein Hochmoor

Schmale Serpentinenstraßen erschließen das gebirgige Inselinnere, das 1982 zum Nationalpark erklärt wurde. Madeiras letzte Laurazeenwälder bei **Ribeiro Frio** sind streng geschützt und gehören zum Weltnaturerbe. In kühnen Steigungen und Gefällen fährt man von Meereshöhe bis auf 1400 m zum **Paso de Poiso** empor. Madeiras höchste Gebirgsstraße, die ER 202, führt von diesem Pass sogar noch 400 m weiter nach oben und endet auf dem Felsengipfel des **Pico do Arieiro** in 1818 m Höhe. Ein gänzlich anderes Landschaftsbild bietet die Hochebene **Paúl da Serra** im Westen Madeiras mit ihren Moospolstern und Madeiraheidelbeer-Büschen. Quellen und Wasserfälle verwandeln die Umgebung von **Rabaçal** in ein immergrünes Paradies. Die Gebirgswelt Madeiras ist ein durch Levadawege gut erschlossenes **Wandergebiet**, in dem man von kleinen ein- bis mehrstündigen Touren bis hin zu einer Sechs-Tage-Wanderung quer über die Insel Ausflüge der verschiedensten Schwierigkeitsgrade unternehmen kann.

30 Ribeiro Frio

Besuch bei den Forellenzüchtern am ›kalten Fluss‹.

Der Weiler Ribeiro Frio, ›kalter Fluss‹, liegt an der ER 103 etwa 16 km von Funchal entfernt Richtung Faial in 860 m Höhe. Hier hat das Landwirtschaftsministerium eine Forellenzuchtstation eingerichtet und um die Fischbecken herum einen kleinen botanischen Garten angelegt. Die Fischbecken werden von mehreren Levadas gespeist. Durch ein raffiniertes Schleusensystem gelangen die 80 000 Fische mit wachsender Größe von Becken zu Becken – die Riesenforellen kann man schließlich in einem großen Rundbecken bestaunen.

Ursprünglich gab es auf Madeira – abgesehen von Aalen, die ohne Probleme von Meer- in Flusswasser wechseln können – keine Süßwasserfische. Anfang der 1960er-Jahre wurden die ersten Regenbogenforellen in den madeirensischen Gewässern ausgesetzt.

Welche Lorbeerarten auf der Insel beheimatet waren, bevor man den Bestand

Lohnende Wanderung: Die Aussicht von der Levada do Furado bei Ribeiro Frio ist herrlich

Ribeiro Frio – Levadawandern mit Aussicht

Eine längere Wanderung (13 km) führt über die **Levada do Furado** mit wunderbaren Ausblicken auf die Nordküste zum **Paso de Portela** [s. S. 82]. Auf diesen Weg sollten sich nur trittsichere und schwindelfreie Wanderer wagen. Tipp: Eine Stunde vom Start entfernt gelangt der Weg zu einer markanten Betonbrücke. Dahinter wird der Weg so schmal, dass man teilweise auf der Levadamauer balancieren muss. Wer dabei schon unsicher ist, sollte besser umkehren und den Rückweg genießen.

Wer weiter wandert, taucht in einen tiefgrünen Dschungel ein: Hortensien, Farne und Moose wuchern üppig beiderseits des Weges, von den Lorbeerbäumen hängen Baumbärte. Ziel des malerischen, sehr gut abgesicherten Weges ist das Wasserhaus von Lamaceiros, dahinter beginnt der Abstieg nach Portela. Im Restaurante Miradouro da Portela kann man einkehren und mit dem Taxi oder Bus anschließend zum Ausgangspunkt oder aber auch nach Funchal zurückfahren.

Wer nur einen kleinen Spaziergang machen möchte: Hinter Victor´s Bar liegt der Einstieg zu dem vielleicht schönsten Aussichtspunkt der Region: Er führt in knapp 45 Min. von Ribeiro Frio zur Kanzel **Balcões**. Durch ein Holzgeländer geschützt, steht man hoch über dem Tal und blickt auf die höchsten Gipfel Madeiras: den Pico das Torres (1851 m) und den halb verdeckten Pico Ruivo (1862 m). Bei guter Sicht ist sogar der Adlerfelsen Penha de Águia zwischen Faial und Porto da Cruz zu erkennen. Auf gleichem Weg geht es dann zurück nach Ribeiro Frio.

ℹ Praktische Hinweise

Restaurant

Miradouro da Portela, Portela, Tel. 291 96 61 69. Rustikales Ambiente und hervorragende Espetadas.

Am rauschenden Bach: Wasserstufen wie diese sind typische Levadabegleiter

durch Abholzung fast völlig vernichtete, erschließen die lateinisch beschrifteten Tafeln an den Bäumen um die Forellenzucht, darunter befinden sich der Stinklorbeer, der gelb blühende Kanarische Lorbeer und der Madeira-Mahagoni.

Auch endemische Pflanzen wie der in dichten Büschen wachsende Madeira-Storchschnabel, eine Geranienart mit trompetenförmigen, lila Köpfchen, und der Schopffingerhut mit seinen dunkelgelben Blütenständen sind um die Fischbecken angepflanzt.

Ribeiro Frio liegt übrigens im Naturschutzgebiet Parque Forestal, in dem einer der wenigen Lorbeerwälder Madeiras erhalten ist. Diesen kann man auf Levada-Wegen erkunden.

ℹ️ Praktische Hinweise

Öffentliche Verkehrsmittel

Bus Nr. 103, 138 von Funchal nach Boaventura bzw. Cabanas

Restaurant

Victor's Bar, Ribeiro Frio, Tel. 291 57 58 98. Delikatesse dieses rustikalen Bar-Restaurants sind geräucherte Forellen, das Personal ist nicht immer ›servicebereit‹.

31 Pico do Arieiro

Eine wildromantische Fahrt auf den Pico do Arieiro – Madeiras dritthöchsten Berg.

Von der ER 103 Funchal – Faial zweigt am *Paso de Poiso* in 1400 m Höhe eine Asphaltstraße nach Nordwesten ab und erklimmt auf 7 km Länge die 400 m Höhenunterschied zum Gipfel des Pico do Arieiro (1818 m). Von den bewaldeten Hängen der mittleren Gebirgslagen geht es nun in das Zackenreich der Basaltspitzen, die zunächst noch von Heidekraut und Erika umhüllt, schließlich als nackte, zu bizarren Formen erodierte Felsfinger in den Himmel stechen.

Im Frühjahr blüht hier oben eine einzigartige endemische Hochgebirgsflora, im Winter fällt gelegentlich Schnee, den

Ein Höhepunkt für Wanderer auf Madeira: einmal auf dem Pico de Arieiro stehen

die reichen Madeirer noch bis ins 20. Jh. hinein in naturbelassenen Eishäusern lagern ließen – in Erdlöchern, die zusätzlich durch ein kuppelförmiges Steindach isoliert wurden. Das Eis überstand darin sogar die heißen Sommermonate und wurde von Trägern nach Funchal gebracht, wo es Speisen und Drinks der High Society kühlte. Ein solches Eishaus passiert man 2 km vor dem Gipfel des Pico do Arieiro. Es liegt etwas versteckt links der Straße hinter einer Parkbucht. Auf dem Weg zum Gipfel passiert man außerdem ein Touristenzentrum mit Souvenirs, Café und WC sowie direkt am Gipfel eine höchst umstrittene Nato-Radarstation, deren futuristische Kugel seit 2010 das Bild bestimmt.

Laurazeen – ein üppiges Geschenk der Natur

Madeira hat seinen Namen, der im Portugiesischen **Holzinsel** bedeutet, den dichten Wäldern zu verdanken, die das Eiland zu Beginn seiner Besiedlung bedeckten. Der Laurissilva, Lorbeer- oder Laurazeenwald, der hier wächst, ist ein einzigartiges Biotop, dessen Pflanzenvielfalt bis heute noch nicht vollständig erfasst werden konnte.

Anders als heute, wo bis 700 m Höhe Nutzkulturen vorherrschen, reichten noch zu Anfang des 15. Jh. Büsche und Bäume bis ans Meer. Die unmittelbar nach der Entdeckung Madeiras einsetzende Agrarerschließung der niederen bis mittleren Lagen hat die einheimische Flora fast vollständig verdrängt. In größeren Höhen fielen die Bäume den Holzfällern auf der Suche nach Baumaterial und Brennstoff zum Opfer. Seit den 1930er-Jahren werden die kahlen, der Erosion schutzlos ausgelieferten Hänge wieder aufgeforstet – doch nicht mit **Laurazeen**, der ursprünglichen ›grünen Lunge‹ Madeiras, sondern mit Eukalyptus und Strandkiefern. Nur etwa 15 000 ha Lorbeerwald haben den Kahlschlag überstanden. Im **Parque National de Madeira**, der das gesamte Gebirgsland umfasst, stehen sie unter Naturschutz.

Der **Lorbeer** mit seinen immergrünen Blättern ist nicht nur eine außerordentlich schöne, sondern auch eine ökologisch wichtige Baumart. Auf Madeira kommen hauptsächlich **vier Spezies** vor: Azorischer Lorbeer, Stinklorbeer, Madeira-Mahagoni und Kana-

rischer Lorbeer. Das Holz wird wegen seiner Härte von der Möbelindustrie geschätzt, aus seinen Zweigen werden aber auch die Spieße hergestellt, auf denen die Espetada sein bestes Aroma erhält. Außerdem liefert er Öl und das köstliche Gewürz, das jedem Wildbraten erst die richtige Note gibt. Zu den typischen Bewohnern des Laurissilva zählt u. a. das Madeira-Sommergoldhähnchen, das wegen seines charakteristischen Rufes ›Bisbis‹ genannt wird.

Der Baum mit seinen ledrigen, ovalen Blättern benötigt genug Feuchtigkeit: 1500 mm Niederschlag im Jahresdurchschnitt und Nebel, dessen Tropfen auf dem Baum kondensieren. Wie ein Schwamm speichern Lorbeerwälder das kühle Nass und entlassen es in unzähligen Quellen und Bächen talabwärts. Der Wasserreichtum speist eine Fülle anderer Pflanzen: Farne und Moose gedeihen im Halbschatten der Lorbeerwälder in wuchernder Pracht. Baumheide streckt sich bis zu 2 m hoch und die Madeiraheidelbeeren wachsen an ebenso hohen Büschen.

Aus den Laurazeenwäldern an der Nordseite Madeiras werden die meisten **Levadas** (Bewässerungskanäle) in die landwirtschaftlich genutzten Gebiete geleitet. Gäbe es keine Lorbeerwälder mehr, würde Madeira dies empfindlich spüren, denn die anderen Baumpflanzungen halten zwar das Erdreich fest, speichern aber kaum Wasser, weil sich Büsche und Kräuter in ihrer Umgebung nicht wohl fühlen.

Nur noch ein paar Stufen, dann ist es geschafft: Aussichtsplattform auf dem Pico do Arieiro

Bei klarem Wetter hat man vom **Aussichtspunkt** eine grandiose Aussicht über die schroffen Gipfel des madeirischen Zentralgebirges, aufs Meer und bei guter Sicht auf die Nachbarinseln Porto Santo und Desertas. Damit man diesen Ausblick genießen kann, sollte man früh oben sein, wenn der Morgennebel die umliegenden Bergspitzen freigibt. Nachmittags hüllen oft dichte Wolken die Gipfel ein.

Der Pico do Arieiro ist der Ausgangspunkt zur Königswanderung auf Madeira, die über die drei höchsten Gipfel der Insel führt. Der gepflasterte Weg geht im stetigen Auf und Ab sehr spektakulär vom Arieiro über den Pico das Torres zum Pico Ruivo und zurück. Diese ca. 5-stündige Wanderung ist zwar viel begangen, aber dennoch ein Höhepunkt für jeden konditionsstarken Wanderer [s. S. 80].

32 Boca da Encumeada

Auf engen Serpentinen durch Madeiras majestätische Gebirgswelt.

Die ER 104 folgt von Ribeira Brava [Nr. 10] aus recht geradlinig dem Tal der Ribeira da Serra de Água bis zum 5,5 km entfernten Ort **Serra de Água,** dessen Häuschen zwischen den eng zusammengerückten Berghängen im immerwährenden Schatten zu liegen scheinen. Dahinter beginnt die steile und serpentinenreiche Route zum 4,5 km entfernten Pass **Boca da Encumeada.** Die Strecke bietet nach jeder Kurve immer neue Ausblicke auf das von Terrassenfeldern strukturierte Tal, die mit Kiefern und Eukalyptus bewachsenen höheren Lagen und die kahlen Felswände. Unterwegs kann man in der reizvoll zwischen aromatisch duften-

Oben: *Am Encumeada-Pass: Manchmal weist ein Regenbogen den Weg*
Unten: *Ganz schön schwungvoll führen die schmalen Bergstraßen durchs Inselinnere*

dem Wald und Straße gelegenen Pousada dos Vinháticos (s. u.) eine Rast machen. Nach 11 km ist der Pass in 1007 m Höhe erreicht. Von hier geht es links zu einem Aussichtspunkt mit einem bei klarem Wetter wirklich grandiosen Blick, der zugleich die Nord- und die Südküste Madeiras umfasst. Dazwischen sieht man die dunklen Furchen der tief eingeschnittenen Täler zwischen steilen, teils mit Lorbeerwald bewachsenen Hängen.

Auf der Nordseite schlängelt sich die Straße hinunter in das wie ein Fächer aufgefaltete Tal von São Vicente und passiert nach wenigen Kurven ein beliebtes Ausflugsziel der Madeirer: **Chão dos Louros**, einen schattigen Laurazeenwald, in dem Picknicktische zu einer Pause laden. An Lorbeer erinnern um São Vicente

zahlreiche Ortsnamen wie Achada do Till (Till = Stinklorbeer) oder Achada do Loural. Bis auf diese Lorbeerbestände ist das Tal der **Ribeira de São Vicente** schon seit Anfang der Besiedlung intensiv landwirtschaftlich genutzt, leider schon früh seines Waldmantels entkleidet worden.

ℹ Praktische Hinweise

Öffentliche Verkehrsmittel

Bus Nr. 6 von Funchal nach Boaventura, Nr. 139 von Funchal nach Porto Moniz. Beide Linien nehmen bei best. Abfahrtszeiten den Tunnel (vorher fragen!)

Hotels

***Pousada dos Vinháticos**, Serra de Água, Ribeira Brava, Tel. 291 95 23 44, www.dorisol.pt. Rustikale Pousada in schöner Lage unterhalb der Boca da Encumeada. Ideal als Ausgangspunkt für anspruchsvolle Wanderungen. Im guten Restaurant kann man madeirensische Spezialitäten genießen, manchmal sogar *Caldo verde.*

**Estalagem Encumeada, Feiteiras – Serra de Água, Ribeira Brava, Tel. 291 95 12 82, www.hotelencumeada.com. Die moderne Anlage im Chaletstil ist komfortabel ausgestattet.

33 Paúl da Serra und Rabaçal

Eine an Schottland erinnernde Landschaftsstimmung auf der Blumeninsel.

Der Taleinschnitt der Ribeira Brava, dem die Verbindungsstraße vom gleichnamigen Ort nach São Vicente folgt, teilt Madeira in einen schroffen östlichen und einen etwas sanfteren, wenngleich ebenfalls gebirgigen westlichen Bereich. Hier liegt mit etwa 100 km² Fläche Madeiras

⬟ TOP TIPP Rabaçal: zwischen Wasserzauber und wildem Grün

Diese leichte Wanderung (ca. 2 Std.) zählt zu den faszinierendsten Touren der ganzen Insel (Anfahrt über die ER 110 zum Wanderparkplatz von Rabaçal an der Straße von Paúl da Serra). Sie führt von Rabaçal zur Levada das 25 Fontes. Der Weg verläuft teils auf sehr schmalen Pfaden, bietet wundervolle Aussichten und als besondere Attraktion den See der 25 Quellen, der von unzähligen Rinnsalen und einem Wasserfall gespeist wird. Die Wanderung ist auch mit Kinder gut machbar.

Vom Parkplatz aus ist auf einem geteerten, für Autos gesperrten Weg in 45 Min. zunächst das **Forsthaus von Rabaçal** erreicht. Verschiedene Routen führen von hier weiter. Auf breitem, ebenen Weg der **Levada do Risco** erreicht man in ca. 15 Min. den Risco-Wasserfall: Von einer Aussichtsterrasse lässt sich der Blick auf die 100 m hohe Basaltfelswand genießen, von der die Wassermassen in eine tiefe Schlucht stürzen.

Das Rauschen des in zwei Arme gespaltenen Wasserfalls **Cascada do Risco** erfüllt die Luft, die feucht und schwer ist vom stetigen Sprühregen.

Zurück – und weiter zu den 25 Quellen – geht es auf demselben Weg bis zu einer Weggabelung. Hier folgt man dem linken Hinweisschild **Levada das 25 Fontes**: Über Steinstufen, Kehren und eine Treppe führt nun der Weg. Unterwegs kommt rechter Hand bald ein Aussichtspunkt, von dem sich der weitere Verlauf der Levada erkennen lässt: Wo der Kanal im Berg verschwindet, weisen Steinstufen mit Holzgeländer den Weg zu einer Brücke, die wieder zur Levada führt. Die 25 Quellen selbst liegen in einem weiten und grünen Talkessel, der vom Wasserrauschen erfüllt ist. Der See lädt zum Baden ein. Zurück geht es auf dem gleichen Weg, vorbei am Forsthaus und zurück zum Wanderparkplatz, den man nach insgesamt gut zwei Stunden erreicht.

größte Ebene, die Paúl da Serra, auf 1300 m Höhe. Von der Boca da Encumeada [Nr. 32] zweigt die ER 110 nach Westen ab und führt, zunächst noch durch dicht bewaldete, zerklüftete Berglandschaft und durch mehrere Tunnels, auf die Paúl da Serra zu. Bereits nach wenigen Kilometern verändert sich die Szenerie: Bäume und Blumen weichen einem tiefgrünen Moos- und Farnpolster, in das die gelben Blüten des Stechginsters hübsche Farbtupfer setzen. Schafe und Ziegen, gelegentlich auch ein paar Kühe weiden auf den Wiesen, über die der Wind Nebelfetzen treibt.

Nur hier oben kann das Vieh in freier Natur grasen, ansonsten ist zu wenig Weidefläche vorhanden. Wie urzeitliche Riesen tauchen aus dem immer wieder durch Sonnenstrahlen gelichteten Nebel die weißen Silhouetten der Windräder auf, die hier ein Kraftwerk antreiben. Der Wind hier oben bläst oft mit solcher Macht, das bei einem Besuch schnell klar wird, warum die Regierung ihre Baupläne für einen Flughafen auf dieser Hochebene wieder aufgegeben hat. Zumal, da Paúl da Serra sich oft in Nebel hüllt.

Links: *Paúl da Serra: portugiesisches Rind auf schottisch anmutender Hochebene*
Rechts: *25 Fontes: Wenn die Quellen sprudeln, stürzt das Wasser die Felsen hinab*

Paúl bedeutet Sumpf. Der Charakter dieses beinahe schottisch anmutenden Hochmoors erschließt sich am besten in den Wintermonaten, wenn das Regenwasser in den vielen flachen Senken stehen bleibt, um langsam im porösen Untergrund zu versickern. Im Sommer wirkt die Landschaft trocken – der Wasserreichtum dieses riesigen ›Schwamms‹ offenbart sich dann in den benachbarten Tälern wie beispielsweise um Rabaçal [Nr.33], wo zahlreiche Quellen sprudeln und in reichlich Wasserfällen Richtung Meer stürzen.

Über den Campo Grande, das ›große Feld‹, führt die Straße fast schnurgerade gen Westen. Aufmerksame Beobachter können mit etwas Glück einen der vielen Mäusebussarde erspähen, die hier oben ihr Revier haben.

Wenig später erreicht man einen Aussichtspunkt mit zahlreichen Souvenirständen – der Witterung entsprechend

Raffinierte Bewässerungstechnik

Wer auf Madeira wandert, weiß die teils gemauerten, teils in den Fels gesprengten Bewässerungskanäle, die **Levadas**, zu schätzen. Die an ihnen entlang laufenden Pfade, von Arbeitern während der Kanalinstandsetzung genutzt, sind zugleich interessante Wanderwege.

Mit der Entwicklung der Landwirtschaft sind die Levadas aufs Engste verbunden. Die Topographie Madeiras machte es den Bauern von Anfang an nicht leicht. Im gebirgigen Inselinneren war **Wasser** in Fülle vorhanden, aber nur im Winter, während starker Regenfälle, gelangte es auch durch die sonst trockenen Ribeiras bis in die Küstenregionen. Zugleich war die **Nordküste** mit ihrem ohnehin feuchteren Klima wegen der steilen Hänge für Feldbau nur bedingt geeignet, die flachere **Südküste** hingegen war zu regenarm, um extensive Landwirtschaft zu ermöglichen. Nur ein Bewässerungssystem konnte hier den nötigen Ausgleich schaffen.

Eine wichtige Rolle beim Bau der ersten Levadas kam nordafrikanischen Sklaven zu. Sie kannten komplizierte Bewässerungstechniken aus ihrer ariden Heimat und setzten ihre Kenntnisse auch auf Madeira um.

Nicht nur die Technik, auch die Nutzung des Wassers scheint von nordafrikanischen Vorbildern beeinflusst: Wie dort in den Oasengärten überwachten hier an den Knotenpunkten der Levadas eigens bestellte Wasserwächter, die **Levadeiros**, die gerechte Zuteilung des Wassers an die einzelnen Landwirte. Dabei wurde die Wassermenge in Stunden gemessen und mittels Schleusen zu den jeweiligen Feldern geleitet. In einigen Teilen Madeiras wird dieses System noch heute praktiziert. Im 19. Jh. entwickelte sich eine spannungsgeladene Problematik

Im Vogelflug über die Hochebene Paúl da Serra: Auch so lässt sich Madeira erleben

besteht das Angebot neben den üblichen Stickdecken aus Pullovern, Jacken und Strickmützen mit Ohrenklappen, die Madeiras Bauern tragen. Bei klarem Wetter sieht man hinunter auf die Nordküste.

Etwa auf halber Strecke geht es ins Tal von von Rabaçal, wo man zu den Fontänen des Risco-Wasserfall und zur Levada 25 Fontes wandern kann [s. S. 106]. Da die schmale Stichstraße von der Paúl da Serra in das 300 m tiefer gelegene Tal von Rabaçal gesperrt ist, verkehren zwischen 9.30 und 19 Uhr jede halbe Stunde zwischen dem Parkplatz oben und Rabaçal Shuttle-Busse für die Besucher. Der Fahrpreis beträgt 3 Euro (einfach) und 5 Euro (Hin- und Rückfahrt).

ℹ️ Praktische Hinweise

Hotel

Estalagem Pico da Urze, Sítio do Ovil, Paúl da Serra, Tel. 291 82 01 50, www.hotel picodaurze.com. Die moderne Pousada liegt kurz vor dem Aussichtspunkt auf der Hochebene. Es gibt 28 komfortable Gästezimmer und ein Restaurant mit madeirensischer Küche, in der Fleischgerichte vom Grill dominieren.

um die Levada-Nutzung. Das Wasser war Eigentum des Königs und allen Bewohnern Madeiras gegen geringe Gebühr zugänglich. Allerdings hatten sich auch viele Privatleute im Levada-Bau engagiert und verlangten nun Geld für die Nutzung ›ihres‹ Wassers.

Je nach Region und Wasserknappheit konnten die geforderten Beträge astronomische Höhen erreichen – eine Entwicklung, die zahllose Pächter in den Ruin treiben sollte. An der Wende zum 20. Jh. gab es ein 100 km umfassendes Netz öffentlicher Levadas, während über 600 km Kanäle in privater Hand waren.

Das Levadanetz hat heute eine Länge von 2150 km. Es speist nicht nur die Felder, sondern treibt mehrere **Wasserkraftwerke** an, die zusammen 60 % des madeirensischen Energiebedarfs abdecken. Der letzte große Wasserkanal, die **Levada dos Tornos**, wurde 1966 eröffnet: Sie verläuft über Funchal nach Osten und ist etwa 100 km lang. Auf dem Teilstück zwischen Palheiro Gardens und Monte begleitet sie einer der reizvollsten leichten Wanderwege auf Madeira.

Porto Santo –
Badeparadies vor der Küste Madeiras

Porto Santo liegt 50 km nordöstlich von Madeira und ist der Antipode der Holzinsel. Alles, womit Madeira sich schmückt, Blütenpracht, Wälder, Hochgebirge, fehlt auf Porto Santo. Umgekehrt besitzt der ›Heilige Hafen‹ ein Kapital, mit dem die große Schwester nicht aufwarten kann: feinsten **Sandstrand** und ein Klima, das keine Kapriolen schlägt. Das Inselchen bildet den idealen Abschluss einer Wander- und Kulturreise durch Madeira. Am Strand **Campo de Baixo** westlich der Inselhauptstadt **Vila Baleira** kann man die Seele baumeln lassen, Sonne, Sand und Meer genießen, ohne dabei von plötzlich aufziehenden Wolken gestört zu werden. Abstecher nach **Camacha** mit seiner malerischen Windmühle oder an die **Ponta de Calheta** zum Fischdinner mit Aussicht sorgen für Abwechslung.

34 Vila Baleira

Anmutige Hauptstadt, die schon Christoph Kolumbus schätzte.

Ein 9 km langer, heller und feiner Sandstrand: *Dourada,* die Vergoldete, nennen die Porto Santaner ihre Insel, die gerade mal 11 km lang und 6 km breit ist. Über die Hälfte der knapp 5000 Bewohner leben in der *Hauptstadt* an der Südostküste des fast dreieckigen Eilands. Vila Baleira ist eine freundliche Stadt mit fast afrikanischem Flair. Dattelpalmen stehen zwischen den niedrigen, weiß gekalkten Häusern, die graugelbe Hügelkette im Hintergrund betont den trockenen Landschaftscharakter, und im Gegensatz zum emsigen, quirligen Funchal scheint das Leben hier einen Takt langsamer zu verlaufen.

Geschichte Städtchen und Insel können auf eine bewegte Geschichte zurückblicken, wobei Porto Santo zunächst nicht im Schatten Madeiras stand. 1418 landeten **João Gonçalves Zarco** und **Tristão Vaz Teixeira**, vermutlich von einem Sturm verschlagen, an der Küste Porto Santos und gaben der Insel aus Dank für die glückliche Rettung den Namen ›Heiliger Hafen‹. Erst als das Wetter aufklarte, erkannten sie in der Ferne die Silhouette

Madeiras und setzten erneut Segel, um die größere Insel zu erforschen. 1420 erhielt Bartolomeu Perestrelo das damals noch mit Drachenbäumen, Buschwerk und Macchia bewachsene Eiland von Heinrich dem Seefahrer als Lehen. Von

Bis zum Horizont: Ein langer Sandstrand beglückt die Urlauber auf Porto Santo

Anfang an machte Wassermangel Acker-
bau auf Porto Santo zu einem Vabanque-
spiel für Pächter und Gutsherren. Die
Viehzucht war dagegen dank der ebenen
Flächen vielversprechender als auf Madeira, weswegen Porto Santo bis heute
als Fleischlieferant für die größere Nachbarinsel fungiert.

Porto Santo war eigentlich keine große Zukunft beschieden. Zu mager waren
die Erträge, und die rücksichtslose Abholzung tat das ihre, die Landschaft der
Erosion preiszugeben. Perestrelo, dessen Familie die Insel bis ins 16. Jh. verwaltete, war nicht glücklich mit dem ma-
geren Lehen. Die ungesicherte Südküste
Porto Santos wurde beliebtes Angriffs-
ziel von Piraten aus aller Herren Länder.

Ein einziges historisches Ereignis von
weitreichender Bedeutung verbucht die
Insel für sich: **Christoph Kolumbus**, der
nach Perestrelos Tod eine von dessen
Töchtern geheiratet hatte, soll sich in
seiner damaligen Funktion als Zuckerhändler einige Zeit auf Porto Santo auf-
gehalten haben. Der Rest ist Legende:
Kolumbus habe bei einem Spaziergang
am Strand einen eigenartig geformten
Stein gefunden, der sich als Bohne ent-
puppte – eine Hülsenfrucht, die unmöglich von der Insel oder von Madeira

stammen konnte. Der Fund habe ihn in
der Ansicht bestärkt, dass jenseits des
Atlantik Land zu finden sei, von dem
diese Bohne stammte, nämlich Indien.
Eine ähnliche Geschichte verbucht übrigens auch Madeira für sich.

Besichtigung Mittelpunkt des Städt-
chens ist der Rathausplatz *Largo do Pe-
lourinho* mit der einschiffigen **Igreja da
Senhora da Piedade**. 1430 gegründet,
zählt sie zu den ältesten Gotteshäusern
der westatlantischen Inseln. Auch wegen ihres Kirchenschatzes wurde sie von
Piraten mehrmals geplündert und nie-
dergebrannt. In ihrer heutigen Form
stammt sie aus dem 17. Jh. Weiße Wand-
flächen und dunkle Basaltrahmen an
Fenstern und Portalen weisen die Pfarrkirche als typisch madeirensisches Bau-
werk aus. Ein recht wuchtiger, niedri-
ger Turm mit pyramidenförmiger Spitze
lugt über das rote Ziegeldach. Einziger
Schmuck des strengen Außenbaus ist
das Azulejo-Medaillon mit der ›Grable-
gung Christi‹ an der Nordfassade.

Im Inneren zeigt sich die Kirche im
schlichten, barocken Gewand: Die Jungfrau Maria blickt von einem Gemälde auf
den mit einfachem Schnitzwerk geschmückten Hochaltar, nur eine Seiten-

Hier soll Kolumbus gelebt haben: Die Casa Colombo zeigt Exponate zur Seefahrt

kapelle im manuelinischen Stil mit gotischen Bögen ist noch vom ursprünglichen Bau erhalten.

Schräg gegenüber steht das überaus schmucke Renaissance-Rathaus **Casa de Camâra** (16. Jh.) mit einer von zwei Seiten zum Eingangsportal im Obergeschoss hinauf führenden, von zwei prachtvollen Drachenbäumen flankierten Freitreppe. Weiße Mauern auch hier, doch Fenster- und Türumrahmung sind aus hellem Sandstein gearbeitet, der mit den grünen Fensterläden harmoniert. Den schattigen Vorplatz mit seinen hohen Dattelpalmen schmückt ein *Kieselmosaik* mit einer Windrose. Schmiedeeiserne Bänke laden zum Verweilen ein.

Dieses Azulejo-Bild ist der einzige Schmuck der weißen Pfarrkirche von Vila Baleira

TOP TIPP Hinter der Kirche befindet sich in einem alten Wohnhaus das **Casa Colombo – Museo do Porto Santo** (Travessa da Sacristia 2/4, www.museu colombo-portosanto.com, Tel. 291 98 34 05, Di–Sa 10–12.30 und 14–17.30, So 10–13 Uhr, Juli–Sept. Di–Sa bis 19 Uhr). Ob es sich bei diesem ›Kolumbus-Haus‹ nun tatsächlich um dessen Wohnsitz oder um den der Familie Perestrelo handelt – darüber gibt es auf Porto Santo sich widerstreitende Ansichten. Gesichert ist, dass der aus unverputzten Steinen errichtete Bau aus dem 17. Jh. stammt. Erst kürzlich entdeckte Mauerreste auf dem Grundstück können sogar ins 15. Jh. datiert werden. Das Museum präsentiert Seekarten, historische Dokumente und Stiche, die Kolumbus' Aufstieg vom Zuckerhändler zum Seefahrer und Entdecker sowie seine Fahrten dokumentieren. Ein Raum ist mit nachgebauten Möbeln und lebensgroßen Puppen, die Kolumbus und seine Gattin darstellen, eingerichtet. Im Erdgeschoss sind Fundstücke aus einer 1724 vor der Baia do Guilherme an der Nordküste gesunkenen, holländischen Gallone ausgestellt. Das mit Silberbarren und Preziosen beladene Schiff lockte prompt Schatztaucher an – bereits 1725 wurde der erste Versuch unternommen, die Fracht zu bergen. Heute liegt nur noch der seiner Ladung beraubte Schiffsrumpf in der Bucht.

Vom Rathausplatz führen zwei Hauptstraßen aus dem Zentrum. Die *Rua Dr. Nuno Silvestre Teixeira* zieht als recht lebhafte Einkaufsstraße nach Nordosten, die *Avenida Henrique Vieira de Castro*, an der

Geschichten eines Weltreisenden

Nicht nur um seine Anwesenheit auf Madeira und Porto Santo ranken sich unzählige Legenden, das ganze Leben des Seefahrers und Entdeckers **Christoph Kolumbus** liegt unter einem Schleier von Geschichten. Ein Grund dafür ist der Mangel an konkreten Informationen.

Als gesichert gelten nur wenige **Lebensdaten**: 1451 wurde er als Sohn armer Leute in Genua geboren, 1475 hielt er sich einige Monate in der Ägäis auf, 1476 ging er nach Lissabon, heiratete zwei Jahre später die Tochter Perestrelos und versuchte ab 1483 vergeblich, König João II. von seinen Plänen, einen **Seeweg nach Indien** zu suchen, zu begeistern. 1485 verlagerte er seine Bemühungen nach Spanien, wo er schließlich Erfolg hatte und am 3. August 1492 mit seinen drei Karavellen ›Santa Maria‹, ›Niña‹ und ›Pinta‹ in See stechen konnte. Am 12. Oktober des gleichen Jahres landete Kolumbus auf der Bahama-Insel Guanahani, die er San Salvador taufte.

Zwischen 1476 und 1482 scheint Kolumbus **Madeira** mehrmals im Auftrag reicher Genueser Zuckerhändler besucht zu haben. Angeblich wohnte er dann immer im Haus des flämischen

Christoph Kolumbus in Öl: Zu sehen ist dieses Gemälde im Museo do Porto Santo

Kaufmanns **João Esmeraldo** in Funchal. Ob er seine spätere Frau, **Filipa Moniz Perestrelo**, hier kennen lernte, bleibt ungewiss. Möglicherweise war die Heirat mit der Tochter einer so angesehenen Familie ein strategischer Schachzug des durchaus ehrgeizigen Mannes. Von großem Vorteil war auch, dass die Familie auf **Porto Santo** ansässig war. Denn rund um die flache Insel konnte Kolumbus die Strömungsverhältnisse des Ozeans hervorragend studieren und dabei auch aufschlussreiches Treibgut sammeln – wie die legendäre ›Kolumbus-Bohne‹ [s. S. 111].

Mit einem solchen Schiff wurde Amerika entdeckt: Modell im Kolumbus-Museum

*Europäischer Baustil und afrikanisches Flair
prägen das gemütliche Vila Baleira*

sich auch das Tourismusbüro befindet, wendet sich nach Südwesten und endet am Strand Campo de Baixo [s. S. 116]. Die *Rua Infante Dom Henrique* schließlich führt nach Süden direkt auf den Kai mit der Schiffsanlegestelle zu. Bis zum Bau der Mole 1928 wurden die Passagiere vom Schiff an den Strand getragen, damit sie keine nassen Füße bekamen.

Die Fährschiffe aus Madeira werfen nach zweistündiger Überfahrt am neuen Hafen **Porto de Abrigo** östlich von Vila Baleira Anker.

ℹ Praktische Hinweise

Information

Posto de Turismo do Porto Santo, Av. Centro de Artesanato, Av. Dr. Manuel Gregório Pestana Junior, Tel. 291 98 52 44

Öffentliche Verkehrsmittel

Mehrmals tgl. Busse nach Camacha, Serra de Fora und Campo de Baixo, an den Wochenenden stark eingeschränkt.

A t l a n t i k

Serra de Dentro
38
Fonte da Areia ▪ Camacha Pico do Facho
37 ▲ 517
Pico do Castelo
▲ 437
Ponta dos Ferreiros
Umal Grande
Serra de Fora
✈
Portela
Salões
Lapeiras **36** Vila Baleira
Porto de Abrigo
Ilhéu de Cima
34
Ponta da Canaveira
⛱ Campo de Baixo
35
Ponta
Ilhéu de Ferro
Ponta da Calheta
Ilhéu de Baixo

Porto Santo
Nr. **34** – **39**

0   2 km

▪   Sehenswertes Objekt
⛱   Strand
✳   Aussichtspunkt
✈   Flughafen
– – –   Kfz-Fähre

Mietwagen

Moinho Rent a Car, Aeroporto do Porto Santo, Tel. 291 98 32 60, www.moinho rentacar.com

Rodavante, am Flughafen, Tel. 291 98 29 25

Einkaufen

Centro de Artesanato, Av. Dr. Manuel Gregório Pestana Junior. Kunsthandwerk und Souvenirs, darunter auch die aus Palmblättern hergestellten, traditionellen Puppen. Mitunter kann man den Handwerkern bei der Arbeit zusehen.

Nachtleben

Penedo do Sono, Docas, im Hafen. Der moderne Vergnügungskomplex lockt mit seiner Stahl- und Glasarchitektur die Nachtschwärmer an. Von der Cocktailbar bis zum Club wird alles geboten.

Hotel

Pensão Central, Rua Abel Magno Vasconcelos, Vila Baleira, Tel. 291 98 22 26. Einfache und günstige Pension in zentraler Lage ein Stück nordwestlich vom Rathausplatz.

***Praia Dourada, Rua D. Estevão de Alencastre, Vila Baleira, Tel. 291 98 04 80, www.portosantohotels.com. Angenehmes, zentrales Stadthotel nahe am Praia Dourada. Ein schöner Außenpool lockt zu einem Sprung ins kühle Nass.

Restaurants

Patío dos Sentidos, Rua Joao Gonçalves Zarco 37, Vila Baleira, Tel. 291 98 54 71. Restaurant in einem rustikalen Haus mit Terrasse und aufmerksamem Personal. Überschaubare Karte, gute Fleisch- und Fischküche, auch Pizza.

Pé na Água, Sítio das Pedras Pretas, Tel. 291 98 31 14. Hier isst man wirklich fast mit einem ›Fuß im Wasser‹. Das Strandrestaurant verbreitet karibisches Flair. Zum guten Essen – Spezialität ist gegrillter Tintenfisch – gibt's Reggaerythmen und gelegentlich auch Beach-Partys.

Solar do Infante, Centro de Artesanato, Vila Baleira, Tel. 291 98 52 70. Beste Fischküche auf einer Terrasse mit Blick auf Promenade und Meer.

Café

Baiana, Rua Doutor Nuno Silvestre Teixeira 7, Vila Baleira, Tel. 291 98 46 49. Restaurant und Bar am Rathausplatz. Hier treffen sich die Einheimischen gerne zu einem Kaffee und einem Schwatz.

*Winzige Felsinselchen spitzen aus der
ruhigen See an der Ponta de Calheta*

35   Campo de Baixo

TOP TIPP *Badeparadies auf Madeiras kleiner
Schwester mit goldgelbem Sand-
strand und türkisblauem Meer.*

Neun Kilometer feinster Sand – wer von
Madeira mit seinen schroffen Felsklippen
kommt, wird dieses Geschenk der Natur
zu schätzen wissen. Der hübsche Strand
Campo de Baixo beginnt westlich der Inselhauptstadt und erstreckt sich an den
Orten Campo de Baixo und Ponta entlang bis zur Ponta de Calheta am süd-
westlichen Ende Porto Santos.

Mehrere Hotels, zahlreiche hübsche
Ferienhäuser, Restaurants und Beach-
Bars säumen den goldgelben Streifen. Im
Hochsommer ist der Strand gut besucht
und die Hotels ausgebucht. Außerhalb
von Juli und August sind sonnenhungri-
ge Urlauber aber fast allein mit dem Sand
und dem türkisblauen Meer, das noch bis
in den November hinein mit angenehmen 20 °C zum Schwimmen lockt.

Campo de Baixo bietet alle badetouris-
tischen Annehmlichkeiten wie Sonnen-
schirm- und Liegestuhlverleih, Dusch-
und Umkleidekabinen sowie eine Tauchschule. Kulturelle Sehenswürdigkeiten
gibt es – wie zu erwarten – entlang des
Strandes allerdings nicht, abgesehen von
der **Capela do Espíritu Santo** im Ort

Campo de Baixo, die zwischen Palmen
versteckt von außen sehr unscheinbar
wirkt und ihr heutiges Aussehen Reno-
vierungsarbeiten im 19. Jh. verdankt. In

Macht gute Laune: der goldgelbe Sandstrand bei Campo de Baixo

der meist geschlossenen Kirche wird ein flämisches Gemälde des ›Letzten Abendmahls‹ aus dem 16. Jh. aufbewahrt.

Als Ausgleich für den Mangel an Kultur-Highlights bietet die Natur an der **Ponta de Calheta** ein wunderschönes Panorama: Durch eine schmale Meeresstraße getrennt, blickt man auf die wild zerklüftete Felsenkulisse der Ilhéu de Baixo.

Auch der Strand bietet hier ein Kontrastprogramm, denn der Sand geht in Felsküste über – ein besonders guter Platz für Schnorchler, die zwischen den Zinnen und Zacken glasklares Meer vorfinden. Und nicht nur das: Im Restaurant Pôr do Sol am Aussichtspunkt kann man darüber hinaus auch noch hervorragende Fischgerichte essen.

ℹ️ Praktische Hinweise

Golf

Porto Santo Golfe, Sítio da Lapeira de Dentro, Porto Santo, Tel. 291 98 37 78, www.madeiraislandsgolf.travel. Vom Golf-Champion Severiano Ballesteros entworfen, breitet sich der 18-Loch-Platz über das südwestliche Inselinnere aus.

Einfach abtauchen lohnt sich auf Porto Santo: Die Meeresfauna ist beachtlich

Tauchen

Clube Naval de Porto Santo, Tel. 291 98 32 59. Anbieter von Tauchkursen und geführten Tauchgängen.

Hotels

****Luamar Suite Hotel**, Cabeço da Ponta, 4 km von Vila Baleira, Tel. 291 98 01 90, www.hotelluamarportosanto.com. Die Suiten der Apartmentanlage sind mit Wohn-, Schlafraum und Küchenzeile ausgestattet. Die Pools und der Sandstrand laden zum Sprung ins kühle Nass.

****Porto Santo**, Campo de Baixo, Tel. 291 98 01 40, www.hotelportosanto.com. Wunderschönes Designhotel in edlen Weiß- und Naturtönen, am Strand gelegen, mit großem Garten, edlem Spa und aufmerksamem Service.

****Torre Praia Suite Hotel**, Rua Goulart Medeiros, Vila Baleira, Tel. 291 98 04 50, www.portosantohotels.com. Strandhotel am Westrand des Ortes, gutes Sportangebot mit Tennis, Fitnessraum und beheiztem Pool. Eigene Disco.

Camping

Parque de Campismo do Porto Santo, Rua Goulart Medeiros, Vila Baleira, Tel. 291 98 21 60. Unweit des Strands gelegen, bietet der Platz Stellflächen für Zelte und Caravans.

Restaurants

O Calhetas, an der Ponta de Calheta, Tel. 291 98 43 80. Fangfrischer, delikat gewürzter Fisch wird vor dem grandiosen Panorama der Felsenküste serviert. Kostenloser Abholservice für Hotelgäste. Besonders zum Sonnenuntergang ein absolutes Muss.

Mar e Sol, Campo de Baixo, Tel. 291 98 22 69. Das Strandrestaurant bietet regionale und internationale Gerichte. Empfehlenswert sind frisch gegrillter Thunfisch und *Espada*.

36 Salões

Wo zukünftige Wälder wachsen.

Man verlässt Vila Baleira nach Norden in Richtung Flughafen (Aeroporto) und erreicht schon bald die Abzweigung nach Salões, wo sich das Forstamt von Porto Santo der Aufzucht von Drachenbäumen, Kiefern und Lorbeer widmet, deren Setzlinge von der Nachbarinsel Madeira stammen. Nach und nach will man so die abgeholzte Insel wieder begrünen. Ein mühseliges, aber um so bewundernswerteres Unterfangen, da es sicherlich einfacher und schneller wäre, wie auf Madeira mit Eukalyptus aufzuforsten.

Nur wenige Kilometer westlich liegt der **Aeroporto** von Porto Santo: Hier landen insbesondere inländische Flüge aus Funchal, Porto und Lissabon. Der Flughafen mit seiner 3000 m langen Landebahn dient zivilen und als NATO-Stützpunkt auch militärischen Zwecken.

Historische Haus- und Arbeitsgeräte, zu sehen im Museu do Cardina von Camacha

Das heimliche Wahrzeichen der Insel Porto Santo sind die alten Windmühlen aus dem 19. Jh.

37 Pico do Castelo

›Burgberg‹ mit fürstlicher Aussicht.

Der 437 m hohe Pico do Castelo diente den Inselbewohnern als ein Zufluchtsort, wenn die Ausguckposten am benachbarten Pico do Facho (517 m) ihre Fackeln entzündeten und damit weithin sichtbar Piratenalarm gaben. Von der **Festung**, in die sich die Menschen dann schleunigst flüchteten, sind heute nur noch Ruinen erhalten. Dafür kann man sich etwa 100 m vor dem Gipfel auf einer kanonenbestückten Aussichtsterrasse davon überzeugen, dass die Maßnahmen zur Aufforstung der Insel durchaus greifen. Auf winzigen Terrassenfeldern wachsen Kiefern, dazwischen stehen einige Drachenbäume. Auf dem Gipfel des Pico do Castelo angekommen, erwartet den Spaziergänger ein schöner Fernblick, der die Südküste mit ihrem hellen Küstensaum umfasst, auf den die Atlantikwellen weiße Spitzenborten legen. Picknicktische laden hier zur Rast.

Beim Blick über die mit Ausnahme des Frühjahrs graubraunen Ebenen ringsherum wird man nochmals deutlich mit den Unterschieden zwischen beiden Inseln konfrontiert. Dass Porto Santo so regen- und wasserarm ist, liegt an seiner Oberflächengestalt: Die hiesigen Berge sind verglichen mit den fast an die 2000 m reichenden Gipfeln Madeiras nur Zwerge. Die Regenwolken bleiben an ihnen nicht hängen, sondern überqueren die Insel, ohne ihren nassen Segen abzuladen.

38 Camacha

Von Wein und Grillhühnchen.

Zurück auf der Hauptstraße erreicht man Porto Santos Weinanbaugebiet um Camacha. Hier wächst der Verdelho, ein spritziger Weißwein, der in den Restaurants der Insel ausgeschenkt wird. Wahrzeichen Camachas ist die vom Anfang des 19. Jh. stammende Windmühle, in der früher Getreide gemahlen wurde. Porto Santo besitzt ja im Gegensatz zu Madeira als natürliche Energiequelle nur den Wind, weshalb man an vielen Stellen der Insel alte Mühlen sieht, die meisten allerdings in bedauernswertem Zustand. Im reizvollen **Museu do Cardina** zeigt ein privater Sammler historisches Haus- und Arbeitsgerät im Original sowie selbst angefertigte, maßstabsgetreue Modelle, etwa von Windmühlen (Estrada Domingos de Ornelas, Sítio da Camacha, Mi–Sa 14.30–18.30, Do–Sa auch 10.30–12.30 Uhr).

Camacha ist übrigens nicht nur für seinen Verdelho sondern auch für seine ausgezeichneten Grillhähnchen, *Frangos assado*, berühmt. In den beiden Restau-

rants Estrela do Norte und Torres kann man sich von deren Qualität überzeugen.

Porto Santo ist zwar wasserarm, doch es besitzt einige Quellen. Eine davon ist die **Fonte da Areia**, über eine Straße von Camacha nach Norden (in Richtung Meer) zu erreichen. Die Steilküste über dem Quellbecken zeigt bizarre, von Meer und Wind abgeschliffene Sandsteinformationen, die wie ein steingewordenes Spiegelbild der gegen die Felsen anbrandenden Wellen aussehen. Die Quelle gilt dank ihres hohen Mineraliengehalts als außerordentlich heilsam.

🛈 Praktische Hinweise

Hotels

****Quinta do Serrado**, Sítio do Pedregal, Tel. 291 98 02 70, www.quintadoserrado.com. Die in Natursteinoptik gebaute Quinta verfügt über 25 Zimmer im Landhausstil, Pool und einen großen Garten.

Casas Valleparaízo, Estrada Regional 101, Nr. 161, Camacha, Tel. 291 92 21 74, Mobil-

Leben am Wasser: Blick auf die schöne Pier von Villa Baleira, die aufs Meer hinausführt

tel. 962 93 93 57, www.valleparaizo.com. Acht malerische Landhäuser (20 Zi.) in einer Gartenanlage im Vale Paraíso.

Restaurant

Estrela do Norte, Camacha, Tel. 291 98 35 00. Ein schöner Ort für die Mittagsrast im Schatten der Windmühlenflügel. Spezialitäten sind Ziegeneintopf und gegrillter Tintenfisch.

39 Serra de Dentro

Gelbbraune Landschaft mit grünen Tupfern.

Von Camacha geht es nun parallel zur steilen Nordküste nach Osten und Süden. Man umrundet dabei den *Pico do Facho* [s. S. 91] und erreicht den Weiler Serra de Dentro. Die Landschaft Serra de Dentro sieht besonders im Sommer, wenn das

von der Sonne verdorrte Gras die Hügel in ein gelbbraunes Gewand kleidet, sehr herb aus. Mageres Vieh auf der Weide, ein paar winzige Felder dazwischen – der Eindruck ist wirklich »Hungergedanken provozierend«, wie es in einem Artikel über Porto Santo hieß. Doch zeigen immer wieder tiefgrüne Fleckchen, dass versucht wird, der Erosion Einhalt zu gebieten. Landeinwärts führt die Straße gen Süden weiter bis **Serra de Fora**, auch dies eine winzige Ansammlung teils verlassener Gehöfte, deren einstige Besitzer das Heil in der Flucht nach Madeira gesucht haben. In einige der leer stehenden Häuser sind inzwischen Aussteiger eingezogen. Ein hübsch renovierter Bauernhof dient heute als Pension mit vier freundlichen Gästezimmern (s.u.). Über den Aussichtspunkt **Portela**, der noch einmal die Südküste, diesmal auch mit ihrem felsigen östlichen Teil, und die Leuchtturminsel Ilhéu de Cima erschließt, kehrt man zurück nach Vila Baleira oder hält nochmals bei der **Ermida da Nossa Senhora da Graça**. Die im 15. Jh. errichtete

Kapelle steht an jener Stelle, an der die Jungfrau Maria zwei jungen Hirten erschienen sein soll. Wie so häufig in madeirensischen Marienlegenden sprudelte nach der Erscheinung eine Quelle aus dem Fels. Die Kapelle ist alljährlich am 15. August Ort des wichtigsten Heiligenfestes der Insel Porto Santo.

ℹ Praktische Hinweise

Unterkunft

*** **Casa do Rosário Coelho**, Serra de Fora, Tel. 291 98 43 06, www.madeirarural.com. Das Bauernhaus aus dem 19. Jh. wurde sorgfältig im Originalstil restauriert. Es ist ein idealer Ausgangspunkt für Spaziergänge zur Ostküste.

Restaurant

Panorama, Estrada Carlos Pestana Vasconcelos, Casinhas, Tel. 96 903 84 20. Wegen der fantastischen Sicht über die Insel sollte man einen Tisch am Fenster reservieren; vornehmlich Fleischküche, Abholservice am Hotel.

Madeira aktuell A bis Z

■ Vor Reiseantritt

ADAC Info-Service:
Tel. 08 00/510 11 12 (gebührenfrei)
Unter dieser Telefonnummer oder bei
den ADAC Geschäftsstellen können
ADAC Mitglieder kostenloses Informa-
tions- und Kartenmaterial anfordern.

ADAC im Internet:
www.adac.de
www.adac.de/reisefuehrer

Madeira im Internet:
www.visitmadeira.pt
www.madeirarural.com

Informationen zur Reiseplanung:

Turismo de Portugal

www.turismodeportugal.pt
www.visitportugal.com

■ Allgemeine Informationen

Reisedokumente

Für Reisende aus Deutschland, Österreich und der Schweiz genügt der gültige Personalausweis oder Reisepass. Auch
Kinder brauchen für die Einreise seit Juni
2012 ein eigenes Reisedokument (Reisepass oder Personalausweis).

Kfz-Papiere

Erforderlich sind Führerschein und Fahr-
zeugschein. Die Internationale Grüne
Versicherungskarte wird allgemein emp-
fohlen, ebenso der Abschluss einer Kurz-
kasko- und Insassenunfallversicherung.

Krankenversicherung

Die Europäische Krankenversicherungs-
karte EHIC ist auch mit einer EU-ecard
ausgestattet, die die Inanspruchnahme
von Leistungen in den EU-Mitgliedstaa-
ten ermöglicht. Diese Karte ist auch in
den EWR-Staaten und in der Schweiz
gültig. Ratsam ist der Abschluss einer
zusätzlichen *Auslands-Reisekrankenversi-
cherung*, die auch die Kosten für einen
eventuellen Rücktransport übernimmt.

Hund und Katze

Hunde und Katzen müssen mit Mikro-
chip gekennzeichnet sein. Bei Tieren, die
vor Juli 2007 markiert wurden, genügt die
deutlich lesbare Tätowierung. Der Besitzer muss einen EU-Heimtierpass vorle-
gen, in dem eine gültige Tollwutimpfung
nachgewiesen ist.

Zollbestimmungen

Innerhalb der EU dürfen Reisende ab 17
Jahren Waren zum eigenen Verbrauch
unbegrenzt mitführen. Zur Abgrenzung
von privater und gewerblicher Verwen-
dung gelten folgende Richtmengen: 800
Zigaretten, 400 Zigarillos, 200 Zigarren,
1 kg Rauchtabak, 10 l Spirituosen, 20 l
Zwischenerzeugnisse, 90 l Wein (davon
max. 60 l Schaumwein) und 110 l Bier. Info:
www.zoll.de. *Reisende aus der Schweiz*
dürfen abgabenfrei mitführen: 200 Zigaretten oder 50 Zigarren oder 250 g Tabak,
2 l alkoholische Getränke bis 15% und 1 l
Spirituosen über 15%. www.ezv.admin.ch.

Geld

Die gängigen *Kreditkarten* werden in
touristischen Zentren sowie in Banken,
Hotels und vielen Geschäften akzeptiert.
Es gibt ein Netz von ›mehrsprachigen‹
EC-Geldautomaten (Multibanco), an denen man rund um die Uhr Geld abheben
kann. Mit einer *Postbank SparCard* erhält
man an VISA-PLUS-Automaten Geld.

Tourismusämter im Land

Direcção Regional de Turismo,
Av. Arriaga 18, Funchal, Tel. 291 21 19 00,
www.visitmadeira.pt. Im Flug-
hafen: Ankunftshalle, Tel. 291 52 49 33

Adressen und Telefonnummern sowie
nützliche Informationen der Regionalen
Auskunftsstellen sind in der Rubrik ›Praktische Hinweise‹ bei den Ortsbeschrei-
bungen im Haupttext aufgeführt.

Notrufnummern

Polizei, Unfallrettung: Tel. 112

Feuerwehr: Tel. 112

Pannenhilfe des ACP:
Tel. 213 18 01 00

SANAS Meeresnotruf: Tel. 291 23 01 12

Bergrettung (Protecção Civil):
Tel. 291 70 01 12

ADAC Notrufzentrale München:
Tel. 00 49/89/22 22 22 (24 Stunden)

ADAC Ambulanzdienst München:
Tel. 00 49/89/76 76 76 (24 Stunden)

Österreichischer Automobil Motorrad und Touring Club
ÖAMTC Schutzbrief Nothilfe:
Tel. 00 43/(0)1/2 51 20 00

Touring Club Schweiz
TCS Zentrale Hilfsstelle:
Tel. 00 41/(0) 588 27 22 20

Diplomatische Vertretungen

Deutschland
Honorarkonsulat der Bundesrepublik Deutschland,
Ricardo Dumont dos Santos, Largo do Phelps 6, 1. Stock, Postfach 300,
9050 Funchal, Tel. 291 22 03 38,

Österreich
Österreichisches Konsulat, c/o Miltones-Viagens, Rua Imperatriz Donna Amelia 4, 9000 Funchal, Tel. 291 20 61 00, Fax 291 28 16 20, hkonsulatfunchal@hotmail.com, Mo–Fr 9.30–12.30 Uhr.

Schweiz
Schweizerische Botschaft, Travessa do Jardim 17, 1350–185 Lissabon, Tel. 213 94 40 90, www.eda.admin.ch/lisbon

Helpline EDA (konsularischer Schutz):
Tel. 00 41/800 24 73 65

Besondere Verkehrsbestimmungen

Tempolimits (in km/h): innerorts 50. Pkw, Motorräder und Wohnmobile bis 3,5 t außerorts 90 bzw. 100 (ausgeschildert), auf Autobahnen 120. Wohnmobile über 3,5 t außerorts 80 bzw. 90, auf Autobahnen 110. Pkw mit Anhänger außerorts 70 bzw. 80, auf Autobahnen 100.

Fahrer, die den *Führerschein noch kein Jahr* besitzen, dürfen höchstens 90 km/h fahren. Wohnmobile und Anhänger sind bis zu 2,5 m Breite und 12 m Länge zugelassen, Gespanne bis zu 18 m Länge.

Rechts hat *Vorfahrt*, jedoch motorisierte Fahrzeuge immer vor Radfahrern und Fuhrwerken. Fahrzeuge in Kreisverkehren haben grundsätzlich Vorfahrt. *Telefonieren* während der Fahrt ist verboten.

Die *Promillegrenze* liegt bei 0,5

Hinweis: Die Madeirenser fahren sehr spontan und nicht immer vorschriftsmäßig. Riskante Überholmanöver auf den kurvenreichen, schmalen Straßen erfor-

Typisch Madeira: Kurvig winden sich die Straßen an der Küste entlang

In gut drei Stunden ist die Insel erreicht: Zahlreiche Airlines starten nach Madeira

dern vom Entgegenkommenden höchste Aufmerksamkeit, ebenso die Vorliebe, auf der Straßenmitte zu fahren. Vorsicht vor allem auf den Bergstraßen: Lkws und Busse rasen oft mit erstaunlichem Tempo bergab, Platz für Ausweichmanöver ist kaum vorhanden. Den Stadtverkehr von Funchal, der in den Stoßzeiten beängstigende Ausmaße annehmen kann, sollten Ortsunkundige besser meiden. Ohnehin kommen Touristen mit dem Gewirr der zahlreichen bergauf und bergab führenden Einbahnstraßen Funchals nur schwer zurecht.

Etikette

Zeigen Sie Respekt vor der Religiosität der Madeirenser. Tragen Sie bei *Kirchenbesichtigungen* dezente Kleidung, allzu knappe Shirts, Röcke und Hosen werden nicht gern gesehen. Verzichten Sie auch auf aufdringliches Fotografieren. Das gilt auch für *Wallfahrten* an hohen kirchlichen Feiertagen. Wenn Sie Menschen fotografieren wollen, sollten Sie vorher unter allen Umständen deren Zustimmung einholen, sonst kann es passieren, dass diese wütend reagieren.

Die passende *Kleidung* ist gleichermaßen in Hotels und Restaurants ein Thema. Zum Abendessen oder zum Nachmittagstee sollte man den Anlass entsprechend angezogen sein; Freizeitlook wird dabei nicht gern gesehen.

Uhrzeit

Auf dem Archipel gilt die Westeuropäische Zeit (WEZ), daher ist es immer eine Stunde früher als in Deutschland.

Anreise

Flugzeug

Am bequemsten und am schnellsten erreicht man Madeira natürlich mit einem Charter- oder einem Linienflug: In drei bis vier Stunden ist man von Deutschland aus z. B. mit der Lufthansa oder mit Air Berlin auf der Insel, länger dauert es mit der portugiesischen Fluglinie TAP (Umsteigen in Lissabon). Die Weiterreise nach Porto Santo erfolgt per Schiff oder Flugzeug. Es gibt auch Direktflüge von Lissabon auf die Insel.

Schiff

Einen regelmäßigen Fährverkehr gibt es, abgesehen der Fähren nach Porto Santo, nicht; zahlreiche Kreuzfahrtschiffe stoppen auf Madeira, die wenigsten bleiben allerdings länger als einen Tag.

Bank, Post, Telefon

Bank

Banken sind Mo–Fr 8.30–15 Uhr geöffnet, einige auch Sa 9–13 Uhr.

Post

Öffnungszeiten in der Regel Mo–Fr 9–12.30 und 14–17.30 Uhr. Das Hauptpostamt von Funchal, Av. Zarco, ist Mo–Fr 9–22, Sa 9–12.30 Uhr geöffnet. Briefmarken (*Selos*) erhält man auch in Läden, die Ansichtskarten verkaufen. Eine Postkarte nach Mitteleuropa ist mindestens eine Woche unterwegs.

Telefon

Internationale Vorwahlen
Portugal 00 351
Deutschland 00 49
Österreich 00 43
Schweiz 00 41

In Portugal sind die einstigen Ortsvorwahlen heute fester Bestandteil jeder Teilnehmernummer und werden grundsätzlich mitgewählt, auch im jeweiligen Ortsnetz.

In Funchal und Caniço gibt es zahlreiche Telefonzellen, die meisten mit Kartentelefon. **Telefonkarten** (*Cartão credifone*) erhält man in den Telecom-Filialen, die den Postämtern angeschlossen sind, und in Tabakläden (*Tabacarías*). In ländlichen Regionen ist das öffentliche Telefonnetz nicht so gut ausgebaut.

Die Benutzung handelsüblicher **Mobiltelefone** ist auf ganz Madeira möglich. Man sollte sich jedoch vor Reiseantritt über das günstigste Netz vor Ort informieren und das eigene Mobiltelefon entsprechend programmieren.

■ Einkaufen

Öffnungszeiten: Mo–Fr 9–13 und 15–19 Uhr, teilweise länger, Sa meist nur 9–13 Uhr. Die Geschäfte in der City von Funchal und in den Einkaufszentren haben fast alle durchgehend geöffnet, teilweise sogar 10–22 Uhr.

Die bekanntesten, beliebtesten Madeira-Mitbringsel sind **Stickereien** [s.S.76]. In den großen Souvenirgeschäften von Funchal gibt es eine Riesenauswahl, die

Handgemachte Tradition: Dieser farbenfrohe Webstoff wird auf Porto Santo gefertigt

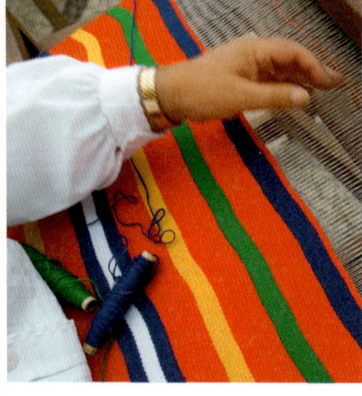

Bunt und dekorativ: Bemalte Teller sind eines der typischen Souvenirs von Madeira

aufgestickten Motive variieren je nach Jahreszeit. Um Weihnachten dominieren beispielsweise Sets, Tischdecken und Servietten mit den rot-grünen Weihnachtssternen, während sich im Frühjahr die neu erblühenden Blumen wie Lilien in den Handarbeiten wiederfinden. Madeira-Stickereien sind ein außerordentlich kunstvolles, aber auch sehr teures Souvenir. Wer so tief in die Tasche greifen möchte, sollte sich auch das Sortiment traditioneller Tischwäsche-Geschäfte ansehen, deren Angebot sich am Geschmack der wohlhabenden einheimischen Kunden orientiert und häufig dezenter ist als jenes der Souvenirshops.

Ein mindestens ebenso beliebtes Souvenir ist der **Madeira-Wein** [s.S.127], den man in mehreren Kellereien vor dem Kauf verkosten kann. Übrigens gibt es Madeira-Wein in den großen Supermärkten zu wesentlich günstigeren Preisen als in den Kellereien – das Vergnügen der Verkostung und die große Auswahl fallen dabei natürlich weg. Immer beliebter als Mitbringsel werden **Schnittblumen**. Vor allem Strelitzien, aber auch Calla und Orchideen werden von zahlreichen Blumengeschäften reisefertig verpackt. Zu Hause hält der blühende Gruß aus Madeira mit etwas Glück noch ein bis zwei Wochen.

Korbwaren aus Camacha sind sehr schön gearbeitet und werden ebenfalls so verpackt, dass sie den Heimflug gut überstehen. Die meisten **exotischen Früchte** wie Anonas (*Cherimoya* oder Zuckerapfel) und Maracujas eignen sich leider nicht für den Heimtransport. Wer sie unreif mitnimmt, wird wenig Freude daran haben, denn unter mitteleuropäischen Bedingungen ausgereift entfalten sie nicht das typische Aroma. **Strickpullover und -mützen** werden zumeist an Souvenirständen nahe bei den Ausflugszielen außerhalb von Funchal angeboten und sind sehr preiswert und von guter Qualität. Mehrere Geschäfte in Funchal verkaufen schicke und modische **Kleidung** aus Portugal.

Essen und Trinken

Das **Rauchen** ist in Portugal in Restaurants und Kneipen verboten; Ausnahme: In kleineren Restaurants dürfen Besitzer das Rauchen erlauben, wenn für entsprechende Lüftung gesorgt ist.

Madeiras Küche verbindet portugiesische Tradition mit englischem Einfluss. Beim **Frühstück** (*Café da manhã*) dominiert die südeuropäische Kultur: Ein kleiner Kaffee und dazu ein Croissant oder Brioche, meist im Stehen an einer Café-Bar eingenommen, reichen bis zum Mittagessen. In den Hotels wird dagegen ein umfangreiches kontinentales oder englisches Frühstück serviert: Porridge, Rührei mit Speck und Bratwürstchen gehören überall zum Standard.

Das **Mittagessen** (*Almoço*) wird zwischen 12.30 und 14.30 Uhr, das **Abendessen** (*Jantar*) zwischen 19.30 und 21.30 Uhr serviert. Zwei *Gemüsesuppen* stehen als Vorspeisen auf der Speisekarte guter Restaurants: **Caldo verde**, eine klare Suppe mit Weißkrautstreifen, und **Sopa de tomate e cebola**, eine mit grob geschnittenen Zwiebeln gekochte Tomatensuppe. Brotsuppe, **Açorda**, das traditionelle Arme-Leute-Gericht, bekommt man in Restaurants nur selten. Zur Suppe wird häufig selbstgebackenes, sehr schmackhaftes Fladenbrot gereicht, **Bolo de caco**. Der leicht süßliche Geschmack stammt

Auf hoher See gereifter Tropfen

Echter **Madeira** ist kein Wein, den man zum Essen trinkt. Je nach Geschmacksrichtung eignet er sich als **Aperitif** oder als **Dessertwein** vor bzw. nach einem Mahl. Seine **Entstehung** verdankt er einem Zufall: Die wundersame Verwandlung des stark säuerlichen Gebräus, das madeirensische Seefahrer vor 400 Jahren auf ihre Schiffe luden, bevor sie auf große Atlantikfahrt in Richtung Südamerika starteten, zu einem leicht nussig schmeckenden, edlen Tropfen, vollzog sich in den geladenen Fässern offensichtlich dank der Wärme bei der Überquerung des Äquators. Heute wird dieser Reifungsprozess in riesigen, durch Heizrohre auf bis zu 50 °C erhitzten Metallfässern künstlich nachgestellt und der Wein danach ebenso langsam wieder abgekühlt. Der dabei entwichene Alkohol wird ersetzt und der Wein durch Verschnitt mit anderen Sorten veredelt. Erst dann kommt er in **Holzfässer**, in denen er mindestens 18 Monate ruhen muss.

Das Verfahren verändert nicht nur den Geschmack, es verleiht dem Madeira auch eine nahezu unbegrenzte Haltbarkeit.

Jedes der großen Weinhäuser Madeiras hütet seine besonderen Rezepturen, verwendet mehr oder weniger schonende Techniken der Erhitzung

Madeira-Wein ist ein sehr edles und eher kostspieliges Mitbringsel

und lagert die jeweiligen Sorten in Fässern, deren spezifische Holzart den Geschmack des edlen Tropfen noch weiter verfeinert.

Es lassen sich grob drei Madeira-Sorten unterscheiden: **Sercial**, dessen Trauben aus der Umgebung von Seixal an der Nordküste stammen und als letzte im November geerntet werden, ist der trockenste und eignet sich hervorragend als Aperitiv. Der **Boal** ist nicht ganz so herb und besitzt einen leichten Nussgeschmack, während der **Malvasia** (auch Malmsey genannt) mit seiner weichen Süße den idealen Dessertwein abgibt.

Frisch aus dem Meer: Die Inselküche serviert Fisch und Meeresfrüchte in allen Varianten

von den beigemengten gestampften Süßkartoffeln. In einigen Restaurants werden als Entree auch **Lapas** (Napfschnecken) mit Knoblauchöl serviert.

Eintopfgerichte spiegeln die Gemüsevielfalt Madeiras, doch stehen sie recht selten auf der Speisekarte der Restaurants: **Caldeirada de peixe** ist ein der Bouillabaisse ähnelnder Fischeintopf. Die Gemüsebasis bilden Tomaten, Zwiebeln und Kartoffeln, die Fischeinlage hängt vom jeweiligen Fang ab. **Cozido** heißt ein ähnliches Eintopfgericht, das mit Fleisch und Wurst angereichert wird. Dabei spielt die scharfe Knoblauchwurst **Chourico** eine besonders wichtige Rolle.

Rindfleisch (*Carne de boi*) ist auf Madeira recht teuer, doch es ist in zahlreichen Variationen wichtiger Bestandteil jedes international orientierten Restaurant-Me-

nüs. Eine typisch madeirensische Spezialität ist der Rindfleischspieß **Espetada**. Die großen, mit viel Knoblauch gewürzten Fleischstücke werden auf Lorbeerholz-Spießen über einem aromatischen Holzkohlefeuer gegrillt. Seit Lorbeer unter strengem Naturschutz steht, werden übrigens meist gusseiserne Spieße verwendet, was den Geschmack etwas verändert. Die Fleischspieße werden an einem Haken über dem Tisch eingehängt, und der Gast holt sich dann Stück für Stück auf seinen Teller herunter. **Leitão assado** ist eine köstliche madeirensische Variante der Spanferkelzubereitung. Wie die Espetada erhält auch das Spanferkel sein Aroma durch das duftende Holz, auf dem es gegrillt wird, und durch große Mengen Knoblauch und Lorbeergewürz. Das Geflügelangebot ist stark am Geschmack der Besucher orientiert: Backhähnchen, **Frango assado**, mit Pommes frites findet man auf jeder Speisekarte.

Unerschöpflich wie das Meer um Madeira ist die Vielfalt der **Fische**, Krustentiere und Meeresfrüchte, die meist ebenfalls mit Knoblauch gegrillt auf den Tisch kommen. Stockfisch, **Bacalhau**, ist bei den Madeirensern beliebt und wird häufig als Auflauf mit Kartoffeln und gekochten Eiern zubereitet, **Bacalhau à bràs**. Wer den etwas strengen Geschmack des getrockneten Fisches nicht mag, kann zu Thunfisch, **Atum**, greifen, der gegrillt, gedünstet oder als Salat serviert wird. Unbedingt probieren sollte man den **Espada preta**, den schwarzen Degenfisch:

Britisches Erbe: Der Five O'Clock Tea wird auf der Insel bis heute stilvoll inszeniert

Traditionell wird er im Teigmantel gebacken und mit Bananen serviert, man kann ihn aber auch gegrillt bestellen.

Als Beilagen reicht man neben Reis oder Pommes frites in Folie gebackene Kartoffeln und gelegentlich auch **Milho frito**, würfelförmige Maisgrießschnitten, die mit Knoblauch in Öl ausgebraten werden. Die Gemüsebeilagen beschränken sich leider häufig auf Karotten und Erbsen aus der Dose. Dass es auch anders geht, beweisen einige wenige, im Haupttext empfohlene Restaurants, die z.B. mit Speck gedünstete grüne Bohnen oder weiße Bohnen in Tomatensauce, **Feijão guisado**, offerieren.

Desserts aus den exotischen Früchten Madeiras runden das Menü ab: Entweder ›pur‹ in der Obstschale angerichtet oder zu Cremes, Sorbets oder Eis verarbeitet entfalten Mangos, Anonas, Papayas, Maracujas und Bananen ihren köstlichen Geschmack. Eigentlich ein Weihnachtsgebäck, erfreut sich der Honigkuchen **Bolo de mel** inzwischen das ganze Jahr über großer Beliebtheit. Zubereitet wird er übrigens nicht aus Honig, sondern aus Zuckersirup. Das Essen beschließt ein **Bica**, ein scharf gerösteter schwarzer Kaffee. Dazu kann man Zuckerrohrschnaps, **Aguardente**, bestellen. Köstlichkeiten für zwischendurch gibt es in den **Pastelarías**, die besonders in Funchal verlockend sortiert sind. Das Blätter- oder Hefeteiggebäck ist meist mit Frucht- oder Vanillecreme gefüllt und sehr süß. Im Herbst werden in den Straßen von Funchal frisch gerösteten Kastanien, **Castanhas**, verkauft. Sie werden pur gegessen oder mit Zucker bestäubt.

Ein Erbe der Briten wird auf Madeira besonders hoch gehalten: der **Five o'Clock Tea**. Nicht nur im ›Reid's‹, auch in zahlreichen Café-Restaurants oder Teehäusern wie dem ›Golden Gate Grand Café‹ in Funchal wird der Nachmittagstee als stilvolles Ritual zelebriert. Neben Tee und Kaffee gibt es auf Madeira alle gängigen Softdrinks, Mineralwasser mit und ohne Kohlensäure, **Agua Mineral com gas/ sem gas**, sowie frisch gepresste Fruchtsäfte. **Bier** der Marken Coral und Super Bock wird in Madeira abgefüllt oder kommt aus Portugal, außerdem kann man europäische Importbiere bekommen, die allerdings wesentlich teurer sind. Beliebter als Bier ist **Wein**. Er wird aus Portugal eingeführt oder stammt von Böden, die nicht für Madeirareben

Weinselig: Eines der vielen Inselfeste feiert die feinen Tropfen von Madeira

geeignet sind. An heißen Tagen schmeckt der leicht moussierende Weißwein **Vinho verde** am besten zum Essen. Der **Madeira** selbst ist übrigens ein Dessertwein.

Feste und Feiern

Feiertage

1. Januar: Neujahr *(Ano Novo)*, Februar: Faschingsdienstag *(Terça-feira de Carnaval)*, März/April: Karfreitag *(Sexta-feira Santa)*, 25. April: Jahrestag der Nelkenrevolution 1974 *(Dia da Liberdade)*, 1. Mai: Tag der Arbeit *(Dia do trabalho)*, Juni: Fronleichnam *(Corpo de Deus)*, 10. Juni: Todestag von Luís de Camões *(Dia de Portugal)*, 15. August: Mariä Himmelfahrt *(Assunção)*, 5. Oktober: Ausrufung der Republik 1910 *(Dia da República)*, 1. November: Allerheiligen *(Todos os Santos)*, 1. Dezember: Befreiung von der spanischen Fremdherrschaft 1640 / Unabhängigkeitstag *(Dia da Restauração)*, 8. Dezember: Mariä Empfängnis *(Conceição Imaculado)*, 25. Dezember: Weihnachten *(Natal)*

Feste

Februar

Funchal: *Carnaval*. Buntes Karnevalstreiben und Umzüge am Faschingssamstag und -dienstag.

Auf Madeira feiert man oft und gern – Anlässe dazu gibt es das ganze Jahr über

April/Mai

Funchal: *Festa da Flor*. Beim Blumenfest Ende April/Anfang Mai ist die ganze Stadt blumengeschmückt, blumenbekränzte Wagen fahren zur Parade durch die Straßen, die Madeirenserinnen verkleiden sich fantasievoll als Blüten.

Funchal (13. 5.): *Nossa Senhora de Fátima*. Prozession zu Ehren der Madonna von Fátima.

August

Monte (14./15. 8.): *Nossa Senhora do Monte*. Bei·der bedeutendsten Wallfahrt Madeiras rutschen die Pilger auf Knien die Stufen zur Kirche hinauf.

Dezember

Madeira (8.12.): Der Feiertag *Mariae Unbefleckte Empfängnis* markiert den Beginn der Vorweihnachtszeit. Alle Orte sind dann mit Girlanden, Sternen und Engeln aus Tausenden von Glühbirnen geschmückt.

Funchal (24. 12.): Um Mitternacht feierliche *Messe* in der *Kathedrale Sé*. Geschäfte und der Mercado dos Lavradores sind bis tief in die Nacht hinein geöffnet.

Funchal (31. 12.): *Fogo de Artifício*. Das Riesenfeuerwerk in der Silvesternacht wird vom Tuten der Kreuzfahrtschiffe begleitet. Traditionell wird Silvester im großen Kreis bei einem üppigen Abendessen begangen.

Klima und Reisezeit

Das ganze Jahr über ›badet‹ Madeira in einem angenehmen, milden Klima. Das Wetter wird jedoch von mehreren Faktoren bestimmt, deren Zusammenspiel für raschen Wechsel sorgen kann. Die Oberflächengestaltung Madeiras mit den bis knapp 2000 m hohen Bergen schafft eine **Klimascheide** zwischen *Nord-* und *Südküste*. So kommt es vor, dass an der Nordküste Regen fällt, während es an der Südküste strahlend schön ist. Da der Wind vorherrschend aus Nordwesten weht, ist häufig auch der äußers-te Westen der Insel von Regen betroffen, während der Südosten (Punta de Saõ Lourenço) unter großer Trockenheit leidet. Große Klimaunterschiede bestehen auch zwischen den **Höhenlagen**. Bis etwa 400 m herrscht warmes, an der Südküste zumeist auch trockenes Wetter vor. Zwischen 400 und 1000 m häufen sich Bewölkung und Niederschläge, an der Südküste besonders in den Nachmittagsstunden, und es ist merklich kühler. Über 1000 m befindet man sich bei schlechtem Wetter in den Wolken, es ist feuchtkalt und nass. Ab etwa 1500 m ist die Wolkenschicht meist überwunden und man blickt von den Gipfeln der höchsten Berge auf das weiße Wattemeer hinunter. Es kann empfindlich kalt werden (im Winter fällt gelegentlich Schnee).

Spätherbst und *Winter* sind wegen der häufigeren Niederschläge für Ferien an der Nordküste und Wanderungen nicht besonders geeignet. In Funchal aber kann man dann noch die milde Sonne genießen. Wanderer finden im *Frühjahr* und *Frühsommer* angenehme Temperaturen und eine relativ hohe Wetterstabilität vor. Noch mehr Sonnenscheingarantie hat der Besucher im Juli und August. Die Insel *Porto Santo* ist relativ flach, nur im Winter regnet es hier manchmal.

Klimadaten Madeira

Monat	Luft (°C) min./max.	Wasser (°C)	Sonnen- std./Tag	Regen- tage
Januar	13/18	18	5	7
Februar	13/18	17	6	6
März	13/19	17	6	7
April	14/19	17	7	4
Mai	15/20	18	8	2
Juni	17/22	20	6	1
Juli	19/23	21	8	0
August	19/24	22	8	1
September	19/25	23	7	2
Oktober	18/23	22	6	7
November	16/21	20	5	7
Dezember	14/19	19	5	7

Kultur live

Das ganze Jahr über finden auf Madeira thematische **Festivals** statt. Sie widmen sich der Pflege klassischer Musik, des Theaters oder dem Motorsport. Die Tourismusbüros s. ›Praktische Hinweise‹ informieren über die aktuellen Veranstaltungen. Eine Event-Vorschau bieten auch die Madeira-Websites. Hier die wichtigsten Termine:

Juni

Funchal: *Festival de Música da Madeira.* Beim Madeira-Musik-Festival mit nationalen und internationalen Interpreten werden klassische Konzerte in den Kirchen veranstaltet.

August

Madeira (1. August-Wochenende): *Rali Vinho Madeira* (www.ralivm.com). Madeira-Wein-Rallye, die über die ganze Insel führt und zu den gefährlichsten Autorennen in Europa zählt. Die meisten Straßen werden nicht gesperrt, sodass sich der ›normale‹ Autofahrer plötzlich zwischen den röhrenden Motoren wiederfinden kann. Vorsicht ist auch geboten, wenn die Teams im Vorfeld trainieren.

September

Funchal, Câmara de Lobos (Ende Aug./ Anfang Sept.): *Festa do Vinho Madeira.* Madeira-Wein-Fest mit Weinproben, Theateraufführungen und Folkloreveranstaltungen.

Kolumbus Festival (Mitte Sept.): Porto Santo mit trad. Musik und Tanz und Veranstaltungen zur Geschichte der Insel.

Nachtleben

Funchal bietet mit Casino und Diskotheken ein reges, abwechslungsreiches Unterhaltungsprogramm für Nachtschwärmer [s. S. 35]. Außerhalb der Hauptstadt ist das Angebot eher mager, nur in größeren Hotels werden gelegentlich Folkloreabende organisiert.

Sport

Selbstverständlich verfügen alle Hotels gehobenen Standards über Swimmingpools, Tennisplätze, Minigolfanlagen und andere sportliche Einrichtungen.

Baden

Es gibt nur wenige natürliche Strände auf Madeira, doch wurden in den letzten Jahren in nahezu allen Orten Schwimmbäder mit Meerwasserbecken gebaut. Von den am Meer gelegenen Hotels führen Leitern über die Felsklippen ins Meer. Einige besitzen außerdem Meerwasser-

Las Vegas lässt grüßen: Das Casino von Funchal erleuchtet die Nacht

Einfach abheben: Unter Gleitschirmfliegern gilt Madeira als heißer Tipp

schwimmbecken. Ungetrübte Badefreuden am 9 km langen Sandstrand kann man jedenfalls auf der Nachbarinsel *Porto Santo* [s. S.110] genießen.

Extremsport

Tandem-Gleitschirmfliegen, Mountain-Bike-Touren, Canyoning, Abseiling oder Klettern – Spezialisten für diese Sportarten auf Madeira sind *Ventura* (www.venturadomar.com) und *Terras de Aventura* (www.terrasdeaventura.com).

Golf

Freunden des grünen Sports stehen auf Madeira zwei in herrlicher Landschaft mit Blick über die Südküste gelegene Golfplätze zur Verfügung: bei *Santo António da Serra*, 27 Loch [s. S. 85] und bei *Funchal*, 18 Loch [s. S. 41]. Auf Porto Santo gibt es ein 18-Loch-Green [s.S.117].

Segeln

Segeltörns entlang der Küste können bei mehreren Unternehmen in *Funchal* oder *Caniço de Baixo* gebucht werden. Reizvoll ist eine Fahrt mit dem Nachbau des Kolumbus-Schiffes ›Santa Maria‹.

Surfen

Windsurfer finden wegen des starken Seegangs und der schroffen Felsenküste schwierige Bedingungen auf Madeira vor, während die Region um *Porto Santo* als gutes Surfrevier gilt. Auf Madeira, z.B. bei *Pául* und *Jardim do Mar*, *São Vicente* und *Ponta Delgada*, sollten nur erfahrene Surfer ins Wasser gehen.

Leinen los: Ein Törn entlang der Küste von Madeira ist ein einmaliges Erlebnis

Tauchen und Schnorcheln

Tauchbasen gibt es in *Funchal, Machico* und in *Caniço de Baixo*. Erfahrene Taucher können Exkursionen zu den schönsten Tauchgründen rund um die Insel unternehmen. Neulinge müssen zunächst einen Kurs für den Tauchschein absolvieren. *Schnorcheln* kann man dank der klaren Gewässer überall. Da sich die Inselgestalt auch unter Wasser sehr steil fortsetzt und die meisten Meeresbewohner in größerer Tiefe leben, ist der Artenreichtum allerdings nur dort groß, wo Fische von den einheimischen Tauchveranstaltern ›angefüttert‹ wurden.

Wandern

Auf der Insel gibt es Wanderwege aller Schwierigkeitsgrade. Im Rahmen eines kleinen Spaziergangs oder einer anspruchsvollen Tour lernt man Madeira besonders intensiv kennen. Die meisten im Haupttext dieses Reiseführers vorgeschlagenen Touren sind auch von untrainierten Wanderern und von Familien mit Kindern zu bewältigen.
Geführte Wandertouren bietet die auf Madeira lebende Christa Dornfeld an (www.madeirawandern.com).
Wer gerne indivduell unterwegs ist: Fast 40 Tourentipps bietet der **ADAC Wanderführer Madeira**.

■ Statistik

Lage: Madeira und die dazugehörigen Inseln Porto Santo, Desertas und Selvagens (*Archipélago do Madeira*) liegen im Atlantischen Ozean, 500 km westlich vor der Nordwestküste Afrikas, etwa auf der Höhe von Marrakesch. Vom Mutterland Portugal ist Madeira ca. 1000 km entfernt. Madeira selbst hat eine Fläche von 741 km^2, das gesamte Archipel erreicht 794 km^2. Die 57 km lange und bis zu 22 km breite Insel hat eine elliptische Form. Durch die geringen Abmessungen sollte man sich nicht täuschen lassen: Die hohen Gebirge im Inselinneren und die kurvigen Straßen lassen schnelle Fahrten zwischen Süd- und Nordküste nicht zu. Höchste Erhebung Madeiras ist der Pico Ruivo (1861 m).

Bevölkerung: 262 500 (2011)

Hauptstadt: Funchal (112 000 Einw.)

Verwaltung: Auf Madeira gibt es inkl. Porto Santo 13 Verwaltungskreise (*Con-*

celhos) mit 50 Gemeinden. Madeira und das Archipel sind eine autonome Region Portugals, die vom Mutterland nur in außenpolitischen Fragen vertreten wird und innenpolitisch über große Selbstständigkeit verfügt.

Wirtschaft: Landwirtschaft und Fischfang spielen auf Madeira eine untergeordnete Rolle. Mit lediglich drei Prozent schlägt dieser primäre Sektor im Bruttoinlandsprodukt (BIP) zu Buche; ihm folgt der sekundäre Sektor (verarbeitende Industrie) mit 16,4 %. Das Gros der Wirtschaftsleistung wird im tertiären Sektor, Dienstleistung und Handel, erarbeitet (80,6 %). Die Landwirtschaft hat nicht nur mit den schwierigen Anbaubedingungen zu kämpfen, die durch die topografische Beschaffenheit Madeiras vorgegeben sind, sondern auch mit Handelsbestimmungen der EU: Ein Teil der auf der Insel gezogenen Bananen, ca. 20 % der landwirtschaftlichen Produktion, entspricht nicht den EU-Normen. Ein stetig wachsender Wirtschaftszweig ist der Tourismus – sein Anteil am BIP beträgt 20 Prozent –, und er beschäftigt direkt und indirekt etwa 15 000 Menschen, rund 15 Prozent der berufstätigen Bevölkerung. Etwa 30 000 Hotelbetten stehen inzwischen bereit. Die Wirtschaftsleistung pro Einwohner entspricht mit rund 24 000 Euro in etwa jener des Mutterlandes (Deutschland ca. 44 500 Euro). Die Arbeitslosigkeit, vor Jahren noch bei fünf Prozent, ist durch die Wirtschaftskrise auf 14 Prozent angestiegen. Als die Regierung 2011 zugab, ihren Schuldenstand geschönt zu haben (Madeira hatte nur 4 Mrd. Euro Schulden angegeben, tatsäch-

Für Genießer: Die Madeirabanane schmeckt süßer als ihre Verwandte aus Südamerika

Entspannung am Pool: Schöne Hotels gibt es auf Madeira in allen Preiskategorien

lich aber 1 Mrd. mehr in den Büchern versteckt), wurde es von der Ratingagentur Moody's auf Status B3 herabgestuft.

Unterkunft

Generell ist es preiswerter, Hotel und Flug im Rahmen einer Pauschalreise zu buchen, anstatt die Zimmer vor Ort zu mieten. Als Urlaubsstandorte sind *Funchal* und *Caniço de Baixo* günstig, da von ihnen aus alle Punkte der Insel in Tagesausflügen erreichbar sind. Wer viel wandern möchte, sollte Unterkünfte in der Nähe der jeweiligen Wanderregion reservieren, da man besonders an der Nordküste früh aufbrechen muss, um vom schönen Vormittagswetter zu profitieren. Die meisten Buchungen sind per Mail über die Madeira-Websites möglich. Das kostenlose *Unterkunftsverzeichnis* des Turismo de Portugal [s. S.123], erhältlich auch im Touristenbüro Funchal [s. S. 33], listet Hotels, Quintas, Pensionen und Privatvermieter auf Madeira und Porto Santo auf. Die Unterkünfte werden in Kategorien eingeteilt: Hotels (5–2 Sterne), Apartments (4–2 Sterne), Pensionen (3–1 Sterne), Touristenapartments (1–2 Sterne), Touristendörfer, Inns und Quality Inns, Manor Houses (Landgüter) und Rural Tourism (Privatzimmer auf dem Land). Die Klassifizierung – und das Auffinden eines bestimmten Hotels – ist durch diese Einteilung relativ schwierig, denn eine Quinta etwa kann je nach Zuordnung als Vier-Sterne-Hotel oder als Manor House geführt werden.

Camping

Auf dem Madeira-Archipel gibt es zwei Campingplätze. Der eine befindet sich in *Ribeira da Janela* an Madeiras Nordküste. Porto Santo bietet Camping bei *Vila Baleira* in Strandnähe.

Pousadas

Pousadas sind Pensionen bzw. Hotels im Inselinneren, die häufig am Ausgangspunkt wichtiger Wanderwege liegen. Sie haben meist nur wenige Gästezimmer, die man folglich rechtzeitig reservieren sollte.

Quintas

Quintas hießen früher die villenähnlichen Häuser reicher Madeirer. Wer heute eine Quinta bucht, sollte kein klassizistisches Schmuckstück erwarten – ebenso gut kann es sich um ein modernes Hotel handeln. Zu einer Quinta gehört jedoch immer ein schöner Garten und individueller Service. Die meisten Quintas haben weniger als 20 Zimmer.

Häuser mieten

Ein deutsches Unternehmen vermittelt Ferienhäuser auf Madeira. Informationen unter www.madeira-haus.de oder unter der deutschen Tel. 038223/18317.

Verkehrsmittel im Land

Bus

Madeira besitzt ein sehr gut ausgebautes Netz von Bussen, mit denen man von Funchal aus so gut wie alle wichtigen Orte der Insel erreichen kann. Abgelegene Ziele wie Porto Moniz werden zwar nur selten angefahren, entlang der Südküste und zu den Ausflugszielen um Funchal bestehen aber zumeist hervorragende, schnelle Verbindungen. Aktuelle Fahrpläne gibt es beim Touristenbüro und am Fahrkartenschalter an der Avenida do Mar in Funchal.

Flugzeug

Zwischen Funchal und Porto Santo fliegen Maschinen der Sata (www.sata.pt, Tel. 707/22 72 82).

Mietwagen

Eine deutschsprachige, zuverlässige Auto- und Motorradvermietung auf Madeira ist z.B.: **Magoscar Lda.**, Rua dom Francisco Santana, Edif. Ventur, Loja E, Apartado 46, Caniço, Tel. 291 93 48 18, www.magoscar.com.

Neben lokalen Anbietern sind auch die großen internationalen Mietwagenfirmen auf Madeira vertreten. Sinnvoll ist die Vorabbuchung im Heimatland. Für ADAC Mitglieder bietet die **ADAC Autovermietung** günstige Konditionen an. Buchungen über www.adac.de/autovermietung, die ADAC Geschäftsstellen oder Tel. 089/76 76 20 99.

Das *Mindestalter* bei der Vermietung ist 21 Jahre. Das *Tankstellennetz* ist im Süden sehr dicht, im Norden etwas dünner. Vor längeren Touren sollte man also unbedingt auftanken.

Hinweis: Wer im *Cabriolet* oder offenen *Jeep* durch Madeira brausen möchte, sollte bedenken, dass dies durch die Wasserfälle in und neben den vielen Tunnels und entlang der regnerischen Nordküste ein nasses Vergnügen werden kann. Zudem ist auch mit Steinschlag zu rechnen.

Schiff

Madeira wird regelmäßig von Kreuzfahrtschiffen angefahren.

Porto Santo Line, Rua d. Praia 45, Funchal, Tel. 291 21 03 00, www.portosantoline.pt. Täglich legt eine Fähre der Porto Santo Line von Funchal zur Schwesterinsel Porto Santo ab. Eine Passage dauert ca. 2 Stunden und kostet in der Nebensaison ab 30 Euro, die Hin- und Rückfahrt ab 47 Euro.

Taxi

Die Ziele in der Umgebung von Funchal kann man bequem mit dem Taxi erreichen. Es gibt zahlreiche Standplätze im Zentrum und in der Hotelzone. Im Stadtgebiet wird das Taxameter eingeschaltet. Der Mindestpreis für eine Fahrt beträgt 2 Euro. Die Fahrt vom/zum Flughafen kostet zwischen 20 und 30 Euro, je nach Ort.

Für *Ausflugsfahrten* per Taxi gelten feste Tarife, die das Tourismusbüro in einer Liste zusammengefasst hat.

Willkommen: Die Porto Santo Line verbindet Madeira mit der kleinen Nachbarinsel

Sprachführer
Portugiesisch für die Reise

🟨 Das Wichtigste in Kürze

Ja/Nein	Sim/Não
Bitte/Danke	Por favor/
	Obrigado
In Ordnung!/	Está bem!/
Einverstanden!	De acordo!
Entschuldigung!	Desculpe!
Wie bitte?	Como?
Ich verstehe Sie nicht.	Não compreendo.
Ich spreche nur	Falo apenas um pouco
wenig Portu-	de português.
giesisch.	
Können Sie mir helfen?	Poderia ajudar-me?
Das gefällt mir (nicht).	(Não) gosto disso.
Ich möchte …	Queria …
Haben Sie …?	Tem …?
Gibt es …?	Há …?
Wie viel kostet das?	Quanto custa (é) isso?
Kann ich mit Kredit-	Posso pagar com
karte bezahlen?	cartão de crédito?
Wie viel Uhr ist es?	Que horas são?
Guten Morgen!	Bom dia!
Guten Tag!	Boa tarde!
Guten Abend!/	Boa noite!
Gute Nacht!	
Hallo!	Olá!
Wie ist Ihr Name?	Como se chama?
Mein Name ist …	O meu nome é/
	Chamo-me …
Ich bin Deutsche(r)	Sou alemão/alemã.
Ich komme aus	Venho da Alemanha.
Deutschland.	

Wie geht es Ihnen?	Como vai?
Auf Wiedersehen!/	Adeus!
Tschüs!	Tschau!
Bis bald!	Até logo!
Bis morgen!	Até amanhã!
gestern/heute/	ontem/hoje/
morgen	amanhã
am Vormittag/	de manhã/
am Nachmittag	de tarde
am Abend/	à tardinha
in der Nacht	à noite
um 1 Uhr/2 Uhr …	à uma hora/
	às duas horas …
um Viertel vor …	às quinze para a(s) …
um Viertel nach …	à(s)….e quinze
um … Uhr 30	à(s) …e meia
Minute(n)/Stunde(n)	minuto(s)/hora(s)
Tag(e)/Woche(n)	dia(s)/semana(s)
Monat(e)/Jahr(e)	mês (meses)/ano(s)

🟨 Wochentage

Montag	segunda-feira
Dienstag	terça-feira
Mittwoch	quarta-feira
Donnerstag	quinta-feira
Freitag	sexta-feira
Samstag	sábado
Sonntag	domingo

🟨 Monate

Januar	Janeiro
Februar	Fevereiro
März	Março
April	Abril
Mai	Maio
Juni	Junho
Juli	Julho
August	Agosto
September	Setembro
Oktober	Outubro
November	Novembro
Dezember	Dezembro

🟨 Zahlen

0	zero	20	vinte
1	um, uma	21	vinte e um(a)
2	dois, duas	22	vinte e dois
3	três		(duas)
4	quatro	30	trinta
5	cinco	40	quarenta
6	seis	50	cinquenta
7	sete	60	sessenta
8	oito	70	setenta
9	nove	80	oitenta
10	dez	90	noventa
11	onze	100	cem
12	doze	101	cento e um(a)
13	treze	200	duzentos
14	catorze	1000	mil
15	quinze	2000	dois mil
16	dezasseis	10000	dez mil
17	dezassete	1000000	um milhão
18	dezoito	¼	um quarto
19	dezanove	½	meio, meia

🟨 Maße

Kilometer	quilómetro(s)
Meter	metro(s)
Zentimeter	centímetro(s)
Kilogramm	quilo(s)
Pfund	libra(s)
Gramm	grama(s)
Liter	litro(s)

Unterwegs

Nord/Süd/West/Ost	Norte/Sul/Oeste/Este
oben/unten	em cima/em baixo
geöffnet/geschlossen	aberto/fechado
geradeaus	a direito (em frente)
links/rechts	à esquerda/à direita
zurück	para trás
nah/weit	perto/longe
Wie weit ist das?	Qual é a distância?
Wo ist die Toilette?	Onde é o quarto de banho (toilet)?
Wo ist die (der) nächste Telefonzelle/ Bank/Polizei/ Geldautomat?	Onde é o telefone público/o banco/ o posto de polícia/ a caixa mulitbanco/ mais próximo(- a)
Wo ist … der Bahnhof/	Onde é (fica) … a estação de camiho de ferro/
der Busbahnhof/	a estação rodoviária/
der Fährhafen/ der Flughafen?	a estação fluvial/ o aeroporto?
Wo ist … eine Bäckerei/ ein Kaufhaus/ ein Supermarkt den Markt?	Onde é (fica) … uma padaria / um armazém/ um supermercado/ o mercado/ a feira?
Ist das die Straße nach …?	Esta é a rua/estrada para …?
Ich möchte … mit dem Zug/ dem Schiff/ der Fähre/ dem Flugzeug nach … fahren.	Quero ir … de comboio/ de navio/ de ferry-boat de avião para …
Gilt dieser Preis für Hin- und Rückfahrt?	Este preço corresponde a ida e volta?
Wo ist … das Toursimusbüro/	Onde é … o posto de informa- ção turística/
ein Reisebüro?	uma agência de viagens?
Ich benötige eine Hotelunterkunft.	Estou à procura de um hotel.
Wo kann ich mein Gepäck lassen?	Onde posso deixar a minha bagagem?

Notfälle

Ich möchte eine Anzeige erstatten.	Quero apresentar uma queixa.
Man hat mir … Geld/ die Tasche/ die Papiere/	Roubaram … o meu dinheiro / a minha bolsa/ os meus documen- tos/
die Schlüssel/ den Fotoapparat/	as minhas chaves/ a minha máquina fotográfica/
den Koffer/ das Fahrrad gestohlen.	a minha mala/ a minha bicicleta.
Verständigen Sie bitte das Deutsche Konsulat.	Informar por favor o Consulado Alemão.

Freizeit

Ich möchte ein … Fahrrad/ Mountainbike/ Motorrad/ Surfbrett/	Queria alugar … uma bicicleta/ uma BTT/ uma moto/ uma prancha de surf/
Boot mieten.	um barco.
Gibt es … einen Freizeitpark/	Há por perto … um parque de diversões/
ein Freibad/ einen Golfplatz in der Nähe?	uma piscina pública/ um campo de golfe?
Wo ist die nächste Bademöglichkeit/ der nächste Strand?	Onde é a zona de banho/ a praia mais próxima?
Wann hat … geöffnet?	Quando abriu …?

Hinweise zur Aussprache

Im Portugiesischen werden Vokale vor Konsonanten meist nasaliert. Bei Doppellauten werden immer beide Vokale gesprochen, wobei der erste stärker betont wird (meu pai = m é u p á i, mein Vater). Die Betonung liegt meist auf der vorletzten Silbe, ansonsten liegt sie auf dem Akzent.

ã, õ	wie ›ang, ong‹, Bsp.: São
c	vor ›e, i‹ wie scharfes ›s‹, Bsp.: cerveja vor ›a, o‹ wie ›k‹, Bsp.: faca
ch	wie ›sch‹, Bsp.: duche
ç	wie scharfes ›s‹, Bsp.: preço
ção	wie ›saong‹, Bsp.: estação
é	wie lang gezogenes ›äh‹, Bsp.: crédito
g	vor ›a, o,u‹ wie ›g‹, Bsp.: gasolina vor ›e, i‹ wie weiches ›g‹ (Rage), Bsp.: longe
h	am Wortanfang stumm
j	wie weiches ›g‹(Rage), Bsp.: hoje
nh	wie lang gezogenes ›nj‹, Bsp.: dinheiro
o	am Wortende als kurzes ›u‹, Bsp.: zero
qu	vor ›e, i‹ wie ›k‹, Bsp.: quero, quilo vor ›a, o‹ wie ›kw‹, Bsp.: quarto
x	wie ›sch‹, Bsp.: queixa
z	wie ›sch‹ am Wortende, Bsp.: faz favor sonst wie ›s‹, Bsp.: onze

■ Bank, Post, Telefon

Brauchen Sie … meinen Ausweis/	Precisa … *do meu documento de identificação/*
meinen Pass?	*do meu passaporte?*
Wie lautet die Vorwahl für …?	*Qual é o indicativo telefónico de …?*
Wo gibt es … Telefonkarten/ Briefmarken?	*Onde vende-se … cartões telefónicos/ selos?*

■ Tankstelle

Wo ist die nächste Tankstelle?	*Onde é o próximo posto de gasolina*
Ich möchte … Liter … Super/ Diesel/ bleifrei.	*Quero … litros de … gasolina super/ gasóleo/ gasolina sem chumbo.*
Volltanken, bitte!	*Encha o depósito, por favor!*
Bitte prüfen Sie … den Reifendruck/ den Ölstand/ den Wasserstand/ die Batterie.	*Por favor verifique … a pressão dos pneus/ o nível de óleo/ o nível de água/ a bateria.*
Würden Sie bitte … den Ölwechsel vornehmen/ den Radwechsel vornehmen/ die Zündkerzen erneuern/ die Zündung nachstellen?	*Por favor … substitua o óleo/ substitua o pneu/ substitua as velas/ ajuste a ignição.*

■ Panne

Ich habe eine Panne.	*Tenho uma avaria.*
Der Motor startet nicht.	*O motor não arranca.*
Ich habe die Schlüssel im Wagen gelassen.	*Deixei as chaves dentro do carro.*
Ich habe kein Benzin/ Diesel.	*Estou sem gasolina/ gasóleo.*
Gibt es hier in der Nähe eine Werkstatt?	*Há uma oficina aqui por perto?*
Können Sie mir einen Abschleppwagen schicken?	*Pode mandar um veículo pronto-socorro?*
Können Sie den Wagen reparieren?	*Pode reparar o carro?*
Bis wann?	*Até quando?*

■ Mietwagen

Ich möchte ein Auto mieten.	*Quero alugar um carro.*

Was kostet die Miete … pro Tag/ pro Woche/ mit unbegrenzter km-Zahl/ mit Kasko-versicherung/ mit Kaution?	*Quanto é o aluguer … por dia/ por semana/ sem limite de quilometragem/ com seguro contra todos os riscos/ com caução (depósito)?*
Wo kann ich den Wagen zurückgeben?	*Onde posso entregar o veículo?*

■ Unfall

Hilfe!	*Socorro!*
Achtung!/Vorsicht!	*Atenção!/Cuidado!*
Rufen Sie bitte … Krankenwagen/ die Polizei/ die Feuerwehr.	*Por favor chame … uma ambulância/ a polícia/ os bombeiros.*
Es war (nicht) meine Schuld.	*(Não) foi culpa minha.*
Geben Sie mir bitte Ihren Namen und Ihre Adresse.	*Por favor dê-me o seu nome e a sua morada.*
Ich brauche die Angaben zu Ihrer Autoversicherung.	*Preciso dos dados do seu seguro de automóvel.*

■ Krankheit

Können Sie mir einen guten Deutsch sprechenden Arzt/Zahnarzt empfehlen?	*Poderia me recomendar-me bom médico/dentista que fale alemão?*
Wann hat er Sprechstunde?	*Qual é o horário de consulta?*
Wo ist die nächste Apotheke?	*Onde é a farmácia mais próxima?*
Ich brauche ein Mittel gegen … Durchfall/ Halsschmerzen/ Fieber/ Insektenstiche/ Verstopfung/ Zahnschmerzen.	*Preciso de um medicamento para … a diarreia / as dores de garganta/ a febre/ as picadas de mosquitos (insetos)/ a prisão de ventre (obstipação)/ as dores de dentes.*

■ Hotel

Können Sie mir ein Hotel/eine Pension empfehlen?	*Poderia recomendar-me um hotel/ uma pensão?*
Ich habe hier ein Zimmer reserviert.	*Reservei um quarto aqui.*

Haben Sie …	Tem … um quarto
ein Einzel-/	individual/
Doppelzimmer …	um quarto dupio
	(de duas camas)
mit Bad/Dusche/	com quarto de
	banho/chuveiro/
für eine Nacht/	para uma noite/
für eine Woche/	para uma semana/
mit Blick aufs Meer?	com vista para
	o mar?
Was kostet das	Quanto custa
Zimmer …	o quarto …
mit Frühstück/	com pequeno-
	almoço/
mit Halbpension/	com meia pensão/
mit Vollpension?	com pensão
	completa?
Wie lange gibt es	Até que horas servem
Frühstück?	o pequeno-almoço?
Haben sie ein Fax/	Tem … um fax/
Internet?	Internet?
Ich möchte um …	Poderia acordar-me
geweckt werden.	às … horas.
Ich reise heute Abend/	Vou partir hoje à tarde/
morgen früh ab.	amanhã de manhã.
Kann ich mit Kredit-	Posso pagar com
karte bezahlen?	cartão de crédito?

Restaurant

Wo gibt es ein	Onde encontro um
gutes/günstiges	restaurante bom/
Restaurant?	barato?
Die Speisekarte/	A ementa/a carta
Getränkekarte,	(lista) de bebidas,
bitte.	por favor.
Ich möchte nur eine	Queria apenas um
Kleinigkeit essen.	aperitivo.
Welches Gericht	Que prato recomenda?
empfehlen Sie?	
Haben Sie typische	Tem pratos típicos da
Gerichte der Region?	região?
Haben Sie vegeta-	Tem comida
rische Gerichte/	vegetariana?
Haben Sie alkoholfreie	Tem bebidas
Getränke?	sem álcool?
Können Sie mir bitte …	Pode-me trazer …
ein Messer/	uma faca/
eine Gabel/	um garfo/
einen Löffel geben ?	uma colher,
	por favor?
Das Essen war sehr gut.	A comida estava
	excelente.
Die Rechnung, bitte!	A conta, por favor!

Essen und Trinken

Aal	enguia
Abendessen	jantar
Apfel	maçã
Apfelsine	laranja
Aubergine	beringela
Bier	cerveja
Braten	assado
Brot/Brötchen	pão/pãozinho
Butter	manteiga
Ei	ovo
Eiscreme	gelado
Erdbeere	morango
Espresso	café/bica
Essig	vinagre
Fisch	peixe
Fischeintopf	caldeirada
Flasche	garrafa
Fleisch	carne
Forelle	truta
Fruchtsaft	sumo
Frühstück	pequeno-almoço
Gemüse	legumes
Glas	copo
Gurke	pepino
Hühnchen	frango
Hummer	lagosta
Kalb	vitela
Kartoffel	batata
Käse	queijo
Krug/Karaffe	caneca/jarro
Lachs	salmão
Meeresfrüchte	mariscos
Miesmuscheln	mexilhãos
Milch	leite
Milchkaffee	café com leite
Mineralwasser	água mineral
(mit/ohne	(com/sem
Kohlensäure)	gás)
Mittagessen	almoço
Nachspeisen	sobremesas
Neunauge	lampreia
Öl/Olivenöl	óleo/azeite
Oliven	azeitonas
Pfeffer	pimenta
Reis	arroz
Rindfleisch	carne de vaca
Rochen	raia
Salat	salada
Salz	sal
Sardine	sardinha
Schinken (roh)	presunto
Scholle	solha
Schweinefleisch	carne de porco
Seebarsch	robalo
Seezunge	linguado
Steinbutt	pregado
Stockfisch/Kabeljau	bacalhau
Suppe	sopa
Süßigkeiten	doces
Tee (mit Zitrone)	chá (com limão)
Thunfisch	atum
Vorspeisen	entradas
Wassermelone	melancia
Wein …	vinho …
(Weiß-/Rot-/Rosé-)	(branco/tinto/ rosé)
Weintrauben	uvas
Zucker	açúcar

Sagen Sie uns die Meinung!

Wir möchten mit unseren Reiseführern für Sie, Ihren Urlaub und Ihre Reise noch besser werden. Nehmen Sie sich deshalb bitte kurz Zeit, uns einige Fragen zu beantworten. Als Dankeschön für Ihre Mühe verlosen wir hochwertige Preise unter allen Teilnehmern.

1. PREIS
Eine zweiwöchige Fernreise für zwei Personen

2. PREIS
Wochenend-Trip in eine europäische Hauptstadt

3. PREIS
je einen von 100 Reiseführern Ihrer Wahl

Mitmachen auf www.reisefuehrer-studie.de

Oder QR-Code mit Tablet/Smartphone scannen.

 Reiseführer

Register

Impressum

Herausgeber: TRAVEL HOUSE MEDIA GmbH, München
Programmleitung: Dr. Michael Kleinjohann
Redaktionsleitung: Jens van Rooij
Autor: Daniela Schetar und Friedrich Köthe
Autor Tipps Seite 12–15: Wolfgang Rössig
Redaktion: txt redaktion & agentur, Dortmund
Bildredaktion: txt redaktion & agentur
Satz: txt redaktion & agentur
Umschlaggestaltung: independent Medien-Design, München
Karten (Umschlag): ADAC e.V., München
Karten (Innenteil): ADAC e.V.
Herstellung: Katrin Uplegger
Druck: Drukarnia Dimograf Sp z o.o. (Polen)

Ansprechpartner für den Anzeigenverkauf:
KV Kommunalverlag GmbH & Co. KG,
MediaCenter München, Tel. 089/92 80 96 44

ISBN 978-3-95689-056-7

Neu bearbeitete Auflage 2014
© 2014 TRAVEL HOUSE MEDIA GmbH, München
ADAC Reiseführer Markenlizenz der ADAC Verlag GmbH & Co. KG, München

TRAVEL HOUSE MEDIA

Ein Unternehmen der
GANSKE VERLAGSGRUPPE

Bildnachweis

Titel: Ponta de Calheta, Porto Santo, Madeira
Foto: **Huber Images** (Olimpio Fantuz)

Rücktitel: links: **Shutterstock** (A.S. Floro Ernst); rechts: **Bildagentur Huber** (Reinhard Schmid)

Titel Faltkarte: Historische Häuser bei Santana
Foto: **Shutterstock** (Samo Trebizan)

Caro: 76 (Armuth) – **Casa Velha do Palheiro:** 40, 41 – **Corbis:** 13.3 (Grand Tour), 26-27 (JAI/Mauricio Abreu), 84-85 (Demotix/João Pedro G. Sá e Sousa) – **ddp Images:** 88 – **dpa PictureAlliance:** 89 (Rainer Hackenberg), 61 (Holger Leue) – **F1online:** 2.3 (Wh.), 36 (age/Gonzalo Azumendi), 112 (age/Soler), 25, 29 (imagebroker), 107 (Prisma) – **Fotolia:** 14.1 (ElinaManninen), 14.3 (Digishooter) – **Franz Marc Frei:** 57 – **Getty Images:** 58-59 (Franz Marc Frei), 60 oben (Jochen Schlenker) – **Bildagentur Huber:** 53, 117.1 (Fantuz Olimpio), 5.3 (Wh.), 7 unten, 16-17, 22-23, 30-31, 47, 67 unten (Gräfenhain) – **Huber:** 104-105 – **Intro:** 102 (Stefan Kiefer) – **Imago:** 34 o., 115 (Anka Agency Internationa) – **Interfoto/Imagebroker:** 8-9, 49 (Christian Handl), 10 oben – **Friedrich Köthe:** 23, 26, 44, 80, 82, 83, 92, 112, 124 – **laif:** 3.3 (Wh.), 8.3 (Bernd Jonkmanns), 4.4 (Wh.), 117.2 (Preben S. Kristensen), 133 (hemis/Jean-Paul Azam) – **Holger Leue:** 2.2, 3.4 (Wh.), 7 o., 8.2, 11 oben, 28-29, 32.2, 35, 45, 48, 58, 60 u., 65, 67 o., 74., 90, 96, 97, 106, 109, 113 (2), 118, 119, 120-121, 112 (3), 126 (2), 127, 128 u., 129, 131, 132, 134, 135 – **Look:** 2.4 (Wh.), 5.2 (Wh.), 52, 54, 94 (age fotostock), 3.2 (Wh.), 8.1, 116 (Jan Greune), 50 o. (TerraVista) – **Masterfile:** 100 (Minden Pictures) – **mauritius images:** 10 Mitte (ib/Norbert Probst), 13.2, 13.4, 14.2, 73 (Alamy), 15.1 (Westend61), 97 (ib/Franz Waldhäusl), 62 (T.W.P.) – **OrientExpress Hotels Trains & Cruises:** 4.2 (Wh.), 9, 32.1 (Genivs Loci) – **OutdoorArchiv:** 108, 132 (Martin Scheel) – **Prisma:** 87 (João Almeida), 20, 34 u. (Mark Beton) 69 (Martin Siepmann), 128 (Miguel Sobreira), 78 (Carles Soler), 103 (Zoonar/Peter Chishol) – **Hans Georg Roth:** 63 – **Schapowalow:** 5.1 (Wh.), 6, 11 u., 18-19, 50 u., 64-65, 68, 72, 77, 111 (Sime/Luca Da Ros) – **Shutterstock:** 4.1 (Wh v U4.1) (A.S. Floro Ernst), 12.1 (Galyna Andrushko), 12.2 (jefras), 12.3 (Ivonne Wierink), 13.1 (Surkov Dimitri), 15.2 (João Encarnação), 15.3 (Volodymyr Krasyuk), 125 (Markus Mainka), 2.1 (Wh.), 38 (Matsonashivili Mikhail), 43 (Pavel Svoboda) – **Martin Thomas:** 24 – **UllsteinBild/Imagebroker:** 46 (Norber) – **Vario Images:** 56, 94-95 – **Visum:** 5.4 (Wh.), 51 (Rainer Hackenberg) – **Wrba:** 33, 37 (4), 70, 71, 75, 104 – **Your Photo Today:** 3.1 (Wh.), 4.3 (Wh.), 10 u., 99, 101, 130, 74 unten (La Phototheque SGM)

Mehr erleben,
besser reisen!